ESTIMULANDO A ESPIRITUALIDADE NAS CRIANÇAS

DRA. PEGGY JOY JENKINS

ESTIMULANDO A ESPIRITUALIDADE NAS CRIANÇAS

Atividades práticas e simples para cultivar a autoestima, o amor e a fé nas crianças

Tradução
Eidi Baltrusis C. Gomes

Editora Pensamento
SÃO PAULO

Título original: *Nurturing Spirituality in Children.*

Publicado pela primeira vez em inglês por Beyond Words Publishing, Inc., Hillsboro, Oregon USA, www.beyondwords.com

Coordenação Editorial: Denise de C. Rocha Delela e Roseli de Sousa Ferraz

Preparação de originais: Denise de C. Rocha Delela

Revisão: Indiara Faria Kayo

Dados Internacionais de Catalogação na Publicação (CIP)
(Câmara Brasileira do Livro, SP, Brasil)

Jenkins, Peggy Joy
Estimulando a espiritualidade nas crianças : atividades práticas e simples para cultivar a autoestima, o amor e a fé nas crianças / Peggy Joy Jenkins ; tradução Eidi Baltrusis C. Gomes. – São Paulo : Pensamento, 2010.

Título original: Nurturing spirituality in children

ISBN 978-85-315-1702-0

1. Educação religiosa para jovens 2. Jovens – Vida religiosa I. Título.

10-12663 CDD-291.44

Índices para catálogo sistemático:
1. Jovens : Educação religiosa 291.44

O primeiro número à esquerda indica a edição, ou reedição, desta obra. A primeira dezena à direita indica o ano em que esta edição, ou reedição, foi publicada.

Edição	Ano
1-2-3-4-5-6-7-8-9	11-12-13-14-15-16-17-18

Direitos de tradução para o Brasil
adquiridos com exclusividade pela
EDITORA PENSAMENTO-CULTRIX LTDA.
Rua Dr. Mário Vicente, 368 — 04270-000 — São Paulo, SP
Fone: 2066-9000 — Fax: 2066-9008
E-mail: pensamento@cultrix.com.br
http://www.pensamento-cultrix.com.br
que se reserva a propriedade literária desta tradução.
Foi feito o depósito legal.

SUMÁRIO

SEMENTES PARA OS PRINCIPIANTES

BROTOS

PARA ESTUDANTES MAIS AVANÇADOS

PLENA FLORAÇÃO

PARA O ESTUDANTE EXPERIENTE

AGRADECIMENTOS

Em primeiro lugar, gostaria de reconhecer a importante orientação que me foi dada por um conjunto de livros, chamado *Um Curso em Milagres*. A seguir, tenho um débito de gratidão para com numerosos sacerdotes, professores e autores, responsáveis pela inspiração de muitas das lições contidas neste livro. No decorrer dos meus anos de estudo, ideias e fontes de informações mesclaram-se num todo, tornando difícil agradecer a cada uma delas isoladamente. Contudo, a minha gratidão se estende a todas as pessoas que contribuíram com o presente trabalho.

Sou profundamente grata à Prentice-Hall e à Coleman Publishing, diante de sua visão, ao decidirem publicar as edições anteriores deste livro, e à Beyond Words, pela percepção de que este era o momento de reintroduzir o livro no mercado.

Nenhum trabalho desta natureza jamais é realizado por uma só pessoa; por isso, agradeço, com grande reconhecimento, a ajuda invisível que recebi, qualquer que seja o nome que se escolha dar a ela.

PREFÁCIO

Descobri que muitos dos que acreditam num Princípio Criador, no Grande Espírito, etc., sentem-se constrangidos diante da palavra "Deus". Por isso, essa palavra não é enfatizada aqui; convido os leitores a substituírem-na pela terminologia da sua preferência. As lições deste livro baseiam-se em princípios universais – princípios que se mantêm válidos qualquer que seja o país, a cultura ou a religião.

Com minha experiência como mãe, educadora de pais e professores e estudiosa dos princípios espirituais e universais, percebi que era apenas uma questão de lógica reunir esses campos na esperança de acelerar o desenvolvimento da consciência de que o nosso mundo precisa. Como mãe, senti uma grande necessidade de oferecer mais informações sobre princípios mentais e espirituais, apresentados sob uma forma fácil de ser partilhada com crianças. O resultado foi a combinação de duas ferramentas de ensino que se tornaram minhas favoritas – auxílios visuais e analogias – para ensinar às crianças os princípios da verdade.

A frase: *ensinamos aquilo que precisamos aprender* nunca pareceu mais verdadeira para mim do que quando eu estava escrevendo este livro. Fico contente em partilhá-lo com você e espero que ele possa ajudá-lo como me ajudou. Certamente este não é um livro para orientação de crianças somente, servindo também para educar a criança que existe em cada um de nós.

Espero carinhosamente que você e as crianças que fazem parte de sua vida tenham momentos de alegria ao pôr em prática estas lições.

Grandes verdades têm um preço alto.
A verdade banal,
Como a que os seres humanos transmitem e na qual se inspiram cotidianamente,
É obtida no caminhar comum da vida fácil,
Soprada pelo vento descuidado em nosso caminho.
Grandes verdades são conseguidas com esforço e não descobertas por acaso,
Nem são lançadas na aragem dos sonhos de verão,
Mas compreendidas durante a grande batalha da alma,
Através do confronto com ventos e correntes adversas.

Autor desconhecido

LANÇANDO OS ALICERCES

"A criança deve se elevar até a ordem mais elevada do espírito por meio de coisas concretas."
– Dra. Maria Montessori

Um dos objetivos deste livro é ajudar as crianças a começarem a acreditar naquilo que é verdadeiro sobre nós, como filhos do Criador. Ao conhecerem essas verdades, coisas fantásticas passam a ocorrer com elas e com o seu mundo.

Alguém afirmou, "Ai do homem que precisa aprender princípios em épocas de crise". Os princípios que as crianças irão aprender neste livro irão ajudar a prepará-las para aquilo que possam encontrar, porque compreenderão que seu mundo é mental e espiritual, e que tudo o que se manifesta em suas vidas é a expressão material de suas crenças. Muitas pessoas veem o mundo exterior como causa e a si mesmas como efeito. Espero que as crianças venham a considerar a si mesmas como causa e o mundo como efeito. Assim, elas poderão assumir a liderança necessária para conduzir o mundo a uma nova era.

Para cada lei física, existe uma lei paralela na mente e no espírito. Ensinar as crianças a trabalhar com as leis espirituais, assim como com as leis físicas, proporcionará a elas a paz, a confiança e a alegria necessárias para vencer as tempestades da vida.

As lições que se seguem destinam-se simplesmente a iniciar o processo. Elas têm por objetivo dar apoio aos pais com pouco tempo disponível, dispostos a dedicar dez minutos por dia ao ensino de princípios mais elevados a seus filhos. Muitos professores, líderes espirituais e conselheiros também as acharão úteis. Estas lições não representam todos os princípios que precisam ser ensinados. Elas são simplesmente aquelas que atendem a um critério: é possível ensiná-las rapidamente, com o uso de objetos comuns e num nível de compreensão acessível à maioria das crianças em idade escolar.

Os tipos mais elevados de aprendizado ocorrem por meio de símbolos e não de palavras; e objetos fáceis de compreender podem simbolizar muitas verdades de difícil assimilação. Objetos comuns têm sido utilizados há muito tempo para tornar claro aquilo que não é familiar. Essas lições, portanto, usam o concreto para apoiar o abstrato.

Você não precisa conhecer todas as respostas para usar essas lições. Apenas prepare o cenário e instigue as crianças com esses conceitos; o Instrutor Interno delas poderá moldá-los, transformando-os em perfeita compreensão.

Ao longo deste livro tentei o máximo possível não ser sectária. Embora eu use palavras como Deus, Espírito, Fonte, Criador e Instrutor Interno, chamo a atenção para o fato de que essas palavras constituem apenas rótulos. Estratégias de linguagem para definir aquilo que é indefinível. Essas palavras representam tentativas de descrever o que cada um de nós sabe em seu próprio coração, em sua alma. Deixe que essas palavras signifiquem os conceitos nos quais você acredita. Sinta-se livre para alterá-las, de maneira que correspondam às suas crenças.

Não é preciso concordar plenamente com este livro; contudo, se os princípios expostos o levarem à reflexão e lhe proporcionarem novas ideias sobre como ensinar verdades significativas para você, este livro terá cumprido o seu propósito.

COMO USAR ESTE LIVRO

"Pesquisas com o cérebro indicam que 83% do nosso aprendizado ocorre através daquilo que vemos e fazemos."

– Dr. Edward de Bono

A melhor fórmula para utilizar essas lições é lançar mão da técnica SEBRES (Seja Breve e Simples). A concisão e a simplicidade produzem uma impressão mais duradoura. As mentes infantis realmente não precisam de uma grande quantidade de palavras e explicações. As mentes dos adultos, sim!

Não existe uma sequência nas lições. Trate o livro como um bufê e selecione cuidadosamente as lições, dependendo das necessidades de seu filho e de seus próprios interesses. Esteja atento para os momentos propícios aos ensinamentos.

As lições se adaptam a qualquer faixa etária; foram elaboradas para crianças que frequentam desde os primeiros anos do ensino fundamental até o ensino médio. Ainda que crianças de diversas faixas etárias ouçam ao mesmo tempo uma lição, elas irão "absorvê-la" de acordo com seu próprio nível de compreensão. Essa é a razão pela qual não incluí roteiros ou explicações para faixas etárias específicas.

Ofereça esclarecimentos que correspondam à idade e ao nível de compreensão da criança para quem está ensinando. Como essas lições pertencem a diferentes níveis de consciência, é correto alterar ou eliminar qualquer uma que não seja inteiramente precisa, de acordo com a sua própria filosofia. É muito melhor ensinar lições a respeito das quais você se sente entusiasmado. Esse tipo de entusiasmo é contagioso. Quando se trata de crianças, muito mais é "captado do que ensinado".

O diálogo apresentado em cada lição não deve ser lido diretamente para a criança. Use-o como ponto de partida para a sua própria reflexão e o desenvolva com exemplos que sejam familiares a ela.

Estudos demonstraram que as crianças retêm mais informações quando as tarefas ficam incompletas. Por isso, é melhor abreviar as lições, fazendo com que elas queiram saber um pouco mais, do que esgotar o assunto e entediá-las. Apenas planeje voltar à ideia ocasionalmente.

A maioria das lições pode ser concluída em cinco minutos, aproximadamente. Sugiro que você as acrescente à sua rotina matinal porque a mente, assim como o corpo, precisa ser alimentada. Você poderá apresentar as lições na hora do lanche, após a escola, na hora do jantar ou na hora de dormir. Tente manter um horário regular e ser persistente em relação a ele.

Leia cada lição pelo menos três dias antes de apresentá-la; há várias razões para que isso seja recomendável. A primeira é que, ao ler antecipadamente, você poderá se certificar de que dispõe de todos os objetos necessários. Grande parte dos itens pode-se encontrar com facilidade numa casa, mas há algumas exceções. Em segundo lugar, ao ler as lições antes de aplicá-las você estará dando ao seu subconsciente criativo um tempo valioso de contato com o princípio subjacente à lição, o que poderá lhe proporcionar exemplos com os quais a criança tenha mais afinidade. Você também terá uma compreensão mais profunda do princípio abordado no momento em que for trabalhar com a lição, e talvez descubra uma maneira ainda melhor de explicá-lo. Por favor, tenha em mente que esse material foi planejado para permanecer em aberto; por isso, você pode apresentá-lo da maneira que corresponder mais exatamente ao seu sistema de crenças, enquanto atende às necessidades de aprendizado do seu filho.

Antes de a lição começar, providencie os objetos necessários e coloque-os numa mesa. Cobri-los com um pano irá gerar um pouco de mistério, talvez até mesmo suspense. Você poderá reservar uma bandeja especial ou uma pequena esteira para as lições. A utilização de um ou dois fantoches para ajudar a ensinar as lições é uma maneira muito boa de intensificar o drama.

Dê tempo às crianças para discussão e perguntas. Tente não transformar as lições em monólogos. Com frequência, as crianças estão mais perto da verdade do que nós e podem nos ensinar com suas agudas percepções. Esteja disposto a inverter os papéis e ser o aprendiz.

Algumas vezes pode ser impossível ou inapropriado usar os objetos sugeridos para uma lição; ainda assim, é melhor recorrer a materiais de apoio para ajudá-lo a transmitir a mensagem. Em vez de objetos, você poderá usar fotografias ou "pintar" um quadro com palavras. Quando as crianças usam a imaginação, suas impressões são muito mais duradouras do que quando usam palavras sem imagens visuais. Entretanto, uma experiência prática com objetos irá produzir sempre a impressão mais forte; por isso, use materiais de apoio tanto quanto possível. Sabe-se que lembramos 10% daquilo que ouvimos, 25% do que vemos e 90% daquilo que fazemos.

Outro modo de reter informações é por meio da repetição espaçada. Um princípio talvez precise ser repetido várias vezes antes de ser assimilado; assim, volte a algumas das lições com certa frequência. Muitas das lições são simplesmente maneiras diferentes de dizer a mesma coisa, e isso também constitui um ensinamento eficaz.

No decorrer de cada lição, é da maior importância desenvolver a autoestima das crianças. O propósito da lição nunca é mais importante que os sentimentos delas. Sempre ajude-as a se sentirem bem em relação a si mesmas. Isso é expresso de modo abrangente e sucinto na frase, "Ensinamos o que somos e o que os outros são para nós".

No final de cada tema ensinado você encontrará uma afirmação que poderá ser usada para encerrar o trabalho. Afirmações são declarações positivas da verdade e, como tal, ferramentas poderosas na modificação de nossos pensamentos e atitudes. Esse processo, por sua vez, irá alterar as nossas experiências. As afirmações são explicadas com mais detalhes na seção "Orientação para as Afirmações". Elas normalmente constituem um acréscimo a cada lição. Podem reforçar a lição diretamente ou estar relacionadas com interesses revelados pelas crianças ao discutirem o que foi ensinado. A repetição das afirmações durante o dia poderá ajudar as crianças a se aproximar mais das verdades sobre elas mesmas.

Para transformar este livro num instrumento de ensino mais efetivo: separe um caderno para registrar ideias antes, durante e depois de cada lição; inclua seus planos para expandir a lição (por exemplo, dramatização da lição, meditação e projetos de arte e ciência); anote como as crianças receberam a lição e sugestões de como usá-la da próxima vez. Suas categorias poderiam incluir:

1. Título da lição
2. Data usada
3. Acréscimos à lição
4. Alterações na lição
5. Exemplos a oferecer
6. Outras ideias para as afirmações
7. Reações das crianças e perguntas

8. Atividades para desenvolver a lição
9. Sugestões para usar a lição outra vez

Talvez a maior contribuição que essas lições possam dar seja a de desencadear ideias semelhantes que você irá aproveitar para melhor retratar sua filosofia. Espero que essas atividades representem o ponto de partida para uma nova jornada e que você descubra muitas formas novas de ajudar as crianças a compreenderem melhor seu universo mental e espiritual, através de objetos do dia a dia.

Eu ouço–Eu esqueço
Eu vejo–Eu me lembro
Eu faço–Eu compreendo

Provérbio chinês

ORIENTAÇÃO PARA AS AFIRMAÇÕES

No final de cada uma das lições há uma afirmação; por isso, sugiro que você leia esta seção antes de começar a trabalhar com o livro.

Afirmações, como as usadas neste livro, são declarações positivas sobre quem somos, sobre o que podemos vir a ser ou vivenciar. Elas são úteis como agentes de mudança – como ferramentas para a exteriorização da mudança que queremos introduzir em nossos pensamentos e experiências. Essa mudança ocorre em nossas crenças sobre nós mesmos. Precisamos harmonizar a percepção que temos de nós mesmos com a perfeição divina que já existe dentro de nós.

As nossas crenças estão armazenadas na área subconsciente da nossa mente. Elas são compostas de emoções, temores, dúvidas, acontecimentos reais e opiniões alheias que aceitamos. Elas assimilam pensamentos negativos tão facilmente quanto pensamentos positivos, criando aquilo que percebemos como verdadeiro para nós. É aqui que entra a ferramenta das afirmações. Elas podem nos ajudar a contrabalançar algumas das coisas negativas que dizemos a nós mesmos ou aceitamos de outras pessoas. Como seres espirituais, somos, em essência, perfeitos. Temos o direito de trazer essa perfeição à superfície.

As afirmações funcionam muito rapidamente com crianças pequenas pelo fato de elas estarem próximas da verdade sobre elas mesmas. As crianças não tiveram tantos anos de "lavagem cerebral" quanto a maioria dos adultos. Nós, adultos, já usamos inconscientemente afirmações negativas a maior parte de nossa vida, provocando o aparecimento de muitas situações indesejadas. Fazemos afirmações negativas quando dizemos, "Não posso fazer isso"; "Estou tão cansado"; "Acho que estou ficando doente"; "Leio tão devagar"; "Sou péssimo em ortografia" ou "Minha memória é ruim". Normalmente, esse tipo de afirmação ou autonegação se perpetua silenciosamente em nosso "diálogo interior" (a corrente contínua de verbalização interna).

Quase tudo o que realmente queremos mudar em nós mesmos pode ser transformado se usarmos declarações ou afirmações positivas. Estas ajudam a neutralizar o bombardeamento de críticas e desvalorizações autoinfligidas que vivenciamos no decorrer do dia. Afirmações revestidas de sentimento têm o poder de impregnar nossa mente subconsciente por meio do processo de osmose, como no exemplo de um ramo de salsão que se torna vermelho quando permanece por algum tempo imerso em água colorida, absorvendo a cor. Outras analogias úteis encontram-se na lição "O Poder das Afirmações".

Antes que o subconsciente aceite as afirmações inteiramente, elas precisam ser verossímeis para a nossa mente consciente. As partes subconscientes de nossa mente têm uma força formativa. Isso significa que elas irão dar forma àquilo que sentimos ser verdadeiro para nós agora. São os sentimentos e não as palavras que dão origem à forma.

Sugestões de Afirmações com Poder de Formação

Torne a afirmação pessoal usando os pronomes "eu" e "meu", ou o seu nome. Afirmações de grande efeito começam com "Eu sou". As iniciadas por "Eu posso" também são bastante eficazes.

Elabore sua afirmação como se você já tivesse conseguido a mudança que deseja, como se você já fosse o tipo de pessoa que quer ser.

Use o tempo presente dos verbos porque o tempo futuro pode destruir o valor de uma afirmação. A mente subconsciente é muito literal; se as palavras escolhidas para a sua afirmação indicarem que a ação se realizará no futuro, esta sempre permanecerá no futuro. Evite "Eu farei...", "Vou obter..." e declarações semelhantes.

Sua afirmação deve indicar que você já conseguiu um resultado e não que você "irá se tornar algo ou irá atingir uma meta".

As afirmações funcionam melhor quando acompanhadas de imagens mentais. É mais fácil imaginar um fato consumado do que um processo vago de desenvolvimento.

Sua afirmação deve descrever as atitudes que você deseja cultivar e não situações das quais quer se afastar. Use afirmações positivas e não negativas. Em vez de "Eu não perco a calma", diga "Tenho um temperamento equilibrado".

Não se compare com outras pessoas em suas afirmações, como, por exemplo, "Escrevo tão bem quanto Susan". Concentre-se em si mesmo: "Eu me expresso com clareza".

Seja específico quanto ao nível exato que quer alcançar: "Consigo atravessar a piscina três vezes" ou "Consigo tocar a lição de piano desta semana perfeitamente".

Inclua palavras que exprimem sentimentos em suas afirmações para lhes dar uma carga emocional: "Gosto de estudar matemática" ou "Sinto-me orgulhoso com a minha capacidade de trabalhar com o computador".

Sugestões para o Uso das Afirmações

As afirmações mais importantes para as crianças são aquelas que desenvolvem a autoestima. Ela é a base de uma vida plena de contentamento e sucesso. Muitos pais e professores ensinam às crianças pequenas as palavras mágicas "Gosto de mim mesmo". Essas palavras estimulam a amizade e a cooperação porque precisamos em primeiro lugar gostar de nós mesmos para depois gostar dos outros. Incentive as crianças a repetir essas palavras mágicas três vezes ao acordar e ao se deitar, com o objetivo de contrabalançar o bombardeamento de comentários desanimadores que elas possam ouvir durante o dia, delas mesmas e de outras pessoas.

Crianças maiores podem empregar as palavras: "Sinto afeição e carinho por mim mesmo" ou "Amo a mim mesmo total e completamente". O "eu" a que me refiro é o Eu Superior; essas palavras significam que as crianças estão afirmando a presença do Espírito em seu íntimo.

Recomendo com insistência que você faça uma oração afirmativa antes de iniciar a lição diária. Quando for se reunir com as crianças, escreva ou diga algo como, "A mente e o coração destas crianças estão abertos para receber a lição em seus níveis de compreensão".

As afirmações impressionam nossa mente subconsciente de uma maneira extremamente poderosa se usadas quando nos encontramos num estado de grande relaxamento, como no momento em que estamos adormecendo, acordando ou meditando. É por essa razão que muitos pais fazem afirmações em voz baixa no momento em que seus filhos pegam no sono. É por isso, também, que pensamentos negativos, acalentados durante esses períodos, podem causar muitos danos. Diante disso, talvez você prefira se certificar de que seus filhos não irão adormecer com o rádio ou a televisão ligada.

O subconsciente que dá forma é muito receptivo a uma visualização detalhada; por isso, a afirmação, acompanhada de uma imagem mental, torna-se extremamente eficaz. Uma imagem forte pode valer mil palavras.

Quanto mais alegre for a emoção que acompanhar a afirmação, mais eficaz esta será. Sentimentos, tanto negativos quanto positivos, têm poder de formação.

A repetição é outra chave para afirmações bem-sucedidas. Use-as muitas vezes por dia. Afixe as afirmações em vários lugares como um lembrete útil, mudando-as de lugar com frequência.

Quanto maior for o número de sentidos físicos que você envolver na afirmação, maior força acrescentará a ela. Para resultados rápidos, recomendo que você a anote por escrito, leia em voz alta, entoe-a como um salmo, cante-a e dance-a.

SEMENTES

PARA OS PRINCIPIANTES

1

O SORRISO DO CANUDO

Esta lição é um bom exercício para praticar antes de cada uma das outras lições.

Material

Qualquer tipo de canudo para tomar líquidos.

Lição

"Inspirem. Agora coloquem o canudo na boca, entre os dentes; não deixem que toque os lábios. Ele deverá ficar nessa posição enquanto eu explico o que estamos fazendo. Isto é chamado de 'O Sorriso do Canudo'. Pesquisas sobre redução de estresse demonstram que, se você fizer esse exercício por um período de três minutos, as células de seu cérebro irão liberar endorfinas (os hormônios do bem-estar).

"Vou conversar com vocês durante três minutos e vocês manterão o canudo entre os dentes. Endorfinas também são liberadas quando vocês riem. Rir faz muito bem para o corpo. Aqui estão algumas das coisas boas que ocorrem: a risada aumenta os níveis de oxigênio nas células, o que lhes dá energia; ela estimula o sistema imune do corpo; e é benéfica no alívio da ansiedade, insônia, irritabilidade, depressão, asma, tensão, dores de cabeça causadas por enxaqueca e muitas outras dores.

"Rir corresponde internamente ao exercício físico, porque proporciona uma boa massagem em todos os seus órgãos internos. Pode parecer tolice segurar esses canudos dessa maneira, mas percebam que isso faz com que seus rostos sorriam; a ciência demonstrou que, mesmo quando uma pessoa não se sente feliz, se mantiver um sorriso no rosto durante algum tempo e agir como se estivesse feliz, ela na verdade se tornará mais feliz."

Você poderia colocar canudos em lugares limpos na casa toda e carregá-los também no carro.

Termine esta lição com uma risada longa e cheia de entusiasmo.

Afirmação Sugerida

Sou uma pessoa alegre e rio com frequência.

2
O MAGNETISMO DA GRATIDÃO

Materiais

Um pires com areia e um ou dois ímãs. (A areia pode ser substituída por sal, ao qual se adiciona limalhas de ferro. Teste com o ímã para se assegurar de que o ferro é suficiente. Se necessário, você poderá adicionar ferro à areia, limando um prego de ferro.) Opcional: uma lente de aumento.

Lição

Pergunte às crianças se elas conseguem identificar e separar as minúsculas partículas de ferro misturadas na areia com os olhos ou dedos. Pergunte que ferramenta poderia ajudá-las a fazer isso. Pegue um ímã e observe as partículas de ferro aderirem a ele.

"O pires de areia (ou sal) representa seu dia e o ímã representa um coração cheio de gratidão. Um coração agradecido consegue examinar cuidadosamente o seu dia e identificar muitas bênçãos, assim como o ímã pode separar o ferro. Um coração sem gratidão, porém, é semelhante aos seus dedos. Ele pode procurar, vasculhar toda a areia – seu dia – e não encontrar nenhuma partícula de ferro ou nada pelo qual agradecer. Um coração cheio de gratidão irá achar alguma coisa para agradecer em todas as horas do dia."

Sugira um revezamento para apanhar as partículas de ferro com o ímã. Faça de conta que estas são bênçãos que cada criança obteve naquela hora. Bons amigos, o dom de enxergar ou de ouvir, um bom café da manhã e roupas bonitas podem ser exemplos de bênçãos que a criança pode identificar.

Outra varredura com o ímã servirá para captar bênçãos que elas receberam em uma ocasião anterior, tais como cumprimentos, membros da família, brinquedos e animais de estimação. Continue a movimentar o ímã através de horas passadas e até mesmo do dia anterior.

Explique que, quando expressamos gratidão por aquilo que faz parte da nossa vida, essa gratidão age como um ímã, atraindo para nós mais coisas boas. O agradecimento pode ser silencioso e assumir a forma de reconhecimento das qualidades admiráveis que observamos em outras pessoas. A exaltação irá magnetizar essas qualidades para nós e teremos ainda mais pelo que agradecer.

Essa analogia poderia ser aplicada a um desafio presente na vida de uma criança, como a mudança da família para uma outra cidade ou uma perna fraturada. O pires de areia representa a situação, o ímã representa a mente que procura o bem nessa situação; as partículas de ferro são as bênçãos que a criança será capaz de descobrir.

Para uma analogia adicional, pegue uma lente de aumento e explique que o Espírito amplia aquilo que abençoamos e pelo qual agradecemos. As bênçãos representadas pelas partículas de ferro irão aumentar quando temos um coração realmente movido pela gratidão. As coisas sobre as quais pensamos se expandem.

Afirmação Sugerida

Sou uma pessoa cheia de gratidão e gosto de exaltar o bem em minha vida.

3
COMO ENCONTRAR O NOSSO CAMINHO

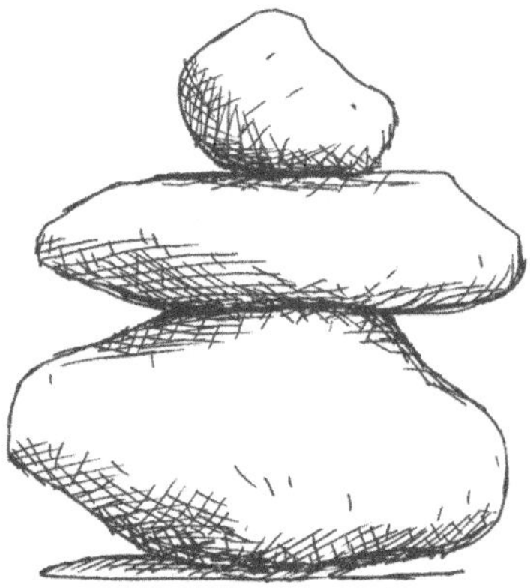

Materiais
Pedras recolhidas durante uma caminhada.

Lição
Existem muitas coisas que nos ajudam a não nos desviarmos do nosso caminho quando estamos andando por um bosque, deserto ou em algum lugar junto à natureza. No local onde moro, pessoas que caminham pelas trilhas e guardas-florestais empilham pedras, normalmente achatadas, para marcar a direção de uma trilha. No meio do deserto uma pessoa poderia facilmente se perder sem essa "sinalização" ao longo do caminho. Outra maneira de permanecer no caminho certo é observar as formações rochosas (tais como setas), deixadas para trás por amigos que o precederam.

"Nós caminhamos por uma trilha chamada Vida e podemos nos afastar do caminho facilmente sem orientação. Que tipo de orientação, orações ou voz interior, você usa?" Examine circunstâncias em que você poderia precisar de ajuda para retomar o caminho correto. O que você pode fazer se estiver perdido? (Aqui é um bom lugar para os adultos partilharem seus métodos de obter orientação.)

Afirmação Sugerida

Entro em contato com o Espírito dentro de mim e sempre sei o que devo fazer.

4
O QUE ESTÁ DENTRO DÁ FORMA AO QUE ESTÁ FORA

Materiais

Um ou dois balões cheios de ar e três ou quatro balões que ainda não foram inflados. Opcional: um balão para cada criança.

Lição

"O Invisível Modela o Visível" é outro título para esta lição. Comece explicando que cada um dos balões representa uma pessoa e que cada pessoa foi preenchida com o sopro da vida, assim como os balões se apresentam quando o ar é soprado para dentro deles. Sugira que as crianças soprem os balões, enchendo-os com a sua própria respiração. Ajude-as a compreender que o ar, ou vida, se encontra em todos os balões e em todas as pessoas.

"As pessoas veem somente a parte externa do balão ou o lado exterior das outras pessoas e tendem a pensar que essa é a parte importante. Realmente fundamental, entretanto, é o que está dentro porque o que está dentro cria aquilo que é aparente. É o que está dentro que dá forma ao balão. Se isso não ocorresse, o balão permaneceria murcho e inútil, como os balões que ainda estão vazios." Mostre às crianças os balões que ainda não foram enchidos.

"Precisamos saber que o interior das pessoas é mais importante que suas formas externas. O ar dentro de nós é essencial porque é ele que nos dá vida. Nossos pensamentos e sentimentos também são elementos significativos que se encontram em nosso íntimo. De muitas maneiras, essas coisas ajudam a dar forma a nós mesmos e às nossas experiências. O mais importante de tudo é o Espírito dentro de nós." (Talvez você prefira usar outra terminologia para explicar esse ponto de perfeição que todos partilham, independentemente de sua aparência externa.)

Continue a utilizar a analogia dos balões: "Você consegue ver que a vida, ou ar, dentro do balão é a parte importante? O que acontece com o ar quando você o solta do balão?" As crianças compreenderão que o ar volta a se juntar ao ar de fora do balão.

Você poderá comparar a liberação do ar ou vida com a morte do corpo. Ajude as crianças a perceberem que não há morte real porque a força de vida volta à sua fonte, assim como o ar do balão, e continua a existir com uma forma diferente. Se tiver ocorrido uma morte recente na família, esta poderia ser uma lição muito útil.

Afirmação Sugerida

Lembro-me sempre de que aquilo que está dentro das pessoas é mais importante do que o que está fora.

5
SOMOS UMA FORMA VISÍVEL DO ESPÍRITO

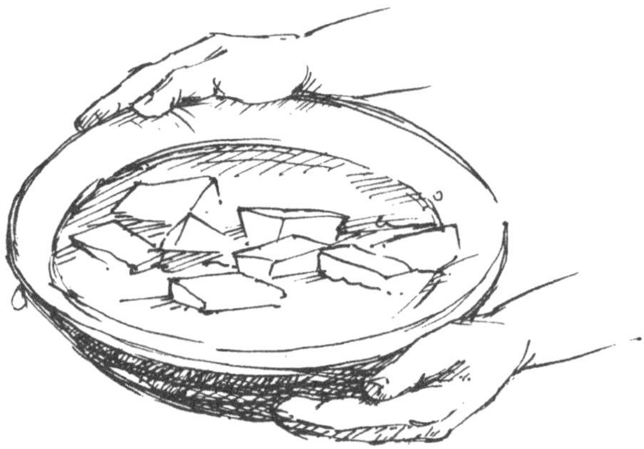

Materiais

Uma tigela de água fria com cubos de gelo dentro.

Lição

Explique que os cubos de gelo representam todas as pessoas e que a água representa o Espírito, o poder invisível do universo. A água pode assumir a forma sólida que, claro, é como obtemos o gelo. O Espírito, que é invisível, também pode tomar forma e se tornar visível. Nós somos formas visíveis do Espírito, assim como os cubos de gelo correspondem a uma outra forma da água.

Explique que os cubos de gelo originalmente vieram da água e não que a água foi criada a partir dos cubos de gelo. Ao nos manifestarmos, caminhamos do invisível para o visível e, como o gelo quando derrete e se transforma em água novamente, no momento da assim chamada morte, nós simplesmente deixamos de lado o nosso corpo e o nosso espírito volta para o Espírito ou para o assim chamado invisível.

Para atenuar o medo de ser invisível ou "nada", explique que, quando o nosso espírito retornar para o Espírito, entraremos num mundo de muita felicidade, um mundo confortável e visível. Ocorrerá apenas que estaremos ocupando um corpo espiritual em vez de ocuparmos um corpo físico. Esclareça que algumas pessoas não se tornam imediatamente conscientes de terem deixado seu corpo físico depois de passar pela transição chamada morte. Considere a possibilidade de consultar alguns livros atuais sobre a vida após a morte. O bibliotecário de sua região poderá ajudá-lo a selecionar esses livros.

Termine a lição explicando que tudo é energia, mas a energia muda de forma, assim como a água pode passar do estado líquido para gelo ou vapor. Uma chaleira com água fervendo sobre o fogão pode enfatizar essa mudança de forma.

Afirmação Sugerida

Sou um ser espiritual em forma física.

6
LUZES DE ALEGRIA

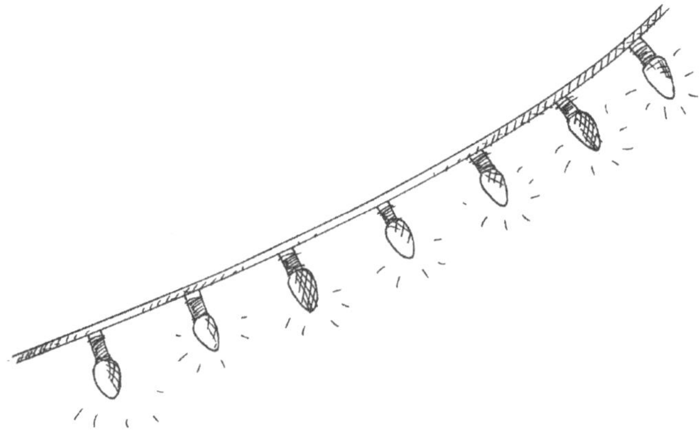

Material

Um bonito cordão de luzes de Natal.

Lição

O espírito em nosso interior se parece com as luzes cintilantes das árvores de Natal. A criança no íntimo de cada um de nós aprecia a beleza das lâmpadas coloridas, quer elas estejam sobre a lareira, em volta de uma porta ou no terraço. Não espere pelos feriados de fim de ano. Quando você aperta o interruptor, a luz festiva incendeia o espírito de alegria presente em seu íntimo.

Pense em pendurar um pequeno cordão de luzes numa parede onde seu filho possa acendê-las para se lembrar da união com a alegria e a luz. Por outro lado, você poderá acendê-las com frequência para lhe mostrar como podemos deixar Deus entrar em nossa vida. Isso irá simbolizar paz, amor e alegria em nosso coração.

A vida pode ser pesada, mas tudo o que precisamos é acionar uma chave em nosso coração; poucos minutos mais tarde a Vida cintilará. Permita que as luzes brilhantes o lembrem de sua própria Luz interior.

Esta lição pode se estender por dias, usando-se os bulbos coloridos como símbolos de novas ideias.

Afirmação Sugerida

O espírito dentro de mim brilha como as luzes de Natal.

7

A ORAÇÃO DÁ SIGNIFICADO AO DIA

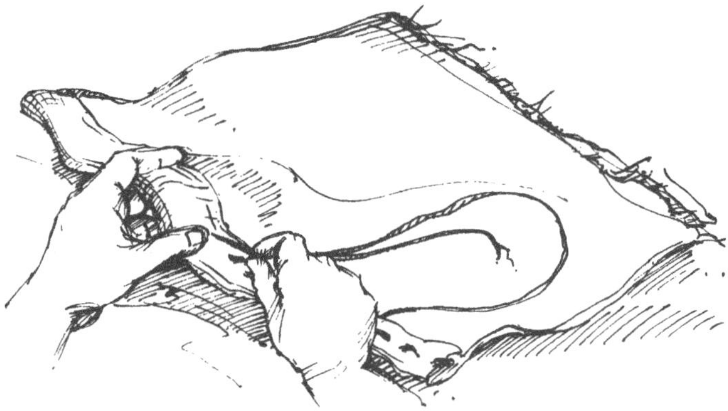

Materiais

Um pedaço de tecido de trama aberta, de cerca de 18 centímetros quadrados ou um pouco maior. Uma das extremidades deverá ter uma bainha e a extremidade oposta deverá estar ligeiramente desfiada. Opcional: um pedaço de pano sem bainha e uma agulha e linha para cada criança.

Lição

Esta lição é baseada numa citação de um autor desconhecido:

"Um dia alinhavado com oração é mais difícil de desfiar".

Destaque o fato de a bainha impedir que a beirada do tecido desfie. Puxe um fio solto da extremidade oposta para mostrar o que pode acontecer com um pano sem bainha.

Você poderia até mesmo comparar uma amostra de pano com bainha em toda a volta com um tecido sem nenhuma bainha depois de ambos terem passado pela máquina de lavar roupa.

A bainha representa a oração, especialmente de manhã cedo. O tecido é o nosso dia e a beirada desfiada representa os problemas, irritações e erros que podem ocorrer durante o dia. Peça às crianças para oferecerem exemplos de um dia cheio de "gafes".

Dê exemplos de orações que podem ser usadas para começarmos o dia com o pé direito, incluindo o pedido de orientação para o dia todo, a afirmação da ordem divina para o dia, a afirmação de ser útil a outras pessoas, e a afirmação de um estado de paz e amor, independentemente do que possa ocorrer. Com agulha e linha, as crianças irão alinhavar suas amostras de tecido enquanto contribuem com pensamentos positivos de oração. Ou as crianças poderiam memorizar uma pequena oração que seja apropriada para a sua idade, como: "Eu sou um Espírito em ação em tudo o que penso, digo e faço hoje", ou "O Espírito em mim pensa através de mim, sente através de mim e age através de mim hoje".

Nesse ponto você poderia discutir a técnica poderosa da visualização de um dia pleno de felicidade. Pratiquem-na juntos, escolhendo um pensamento simples e específico.

Aqui estão algumas outras ideias que você poderia usar com crianças maiores:

Uma vez que um pensamento acompanhado de um sentimento tem poder criativo, talvez estejamos orando o dia todo.

Este é um planeta em que existe o livre-arbítrio e por isso temos que pedir aquilo que queremos. O reino espiritual não pode interferir com o nosso livre-arbítrio.

Considera-se com frequência que oração é falar com o Espírito e meditação é ouvir o Espírito.

Se estivermos pedindo orientação espiritual, seria tolice não usarmos algum tempo para aquietar a nossa mente e ouvir uma resposta.

Afirmação Sugerida

A oração inicia o meu dia, e deixo que o Espírito me conduza.

8

NOSSO RELACIONAMENTO COM O ESPÍRITO

Materiais

Um filão de pão sem fatiar, mas com pedaços de vários tamanhos e formas arrancados dele. Você também pode usar um bolo. Se você estiver trabalhando com uma ou duas crianças, utilize pãezinhos.

Lição

Dê a cada criança um pedaço de pão. "Seus pedaços de pão parecem iguais? Ainda que eles tenham tamanhos e formas diferentes, o que eles têm em comum?" Ajude seus filhos a compreender que cada pedaço de pão contém ingredientes idênticos. Um não tem mais sal do que o outro, nem mais farinha.

Explique que os pedaços de pão são exatamente como nós. Somos feitos do mesmo material básico, embora nossas formas e tamanhos sejam diferentes. O filão de pão representa o Espírito ou Deus; como o Espírito é onipresente, ele está em cada um de nós. Somos uma pequena parte do Espírito e, por isso, temos em nosso interior as qualidades divinas de paz, alegria, clareza, amor, saúde, ordem, sabedoria, poder e assim por diante.

Comente como isso se aplica a todas as pessoas no mundo. Não importa a aparência delas ou a maneira como agem; todos nós temos as qualidades do Espírito dentro de nós. Entretanto, essas qualidades estão bem escondidas em alguns porque nada sabem sobre elas. Podemos ajudar essas pessoas, buscando nelas o amor, a paz, a ordem, a saúde e a bondade que sabemos estarem ali. Todos fazemos parte do Espírito; a separação não existe.

Você poderia expandir essa ideia e incluir animais e plantas.

Afirmação Sugerida

Como filho do Espírito, tenho as qualidades Dele.

9
A LEI DO BUMERANGUE

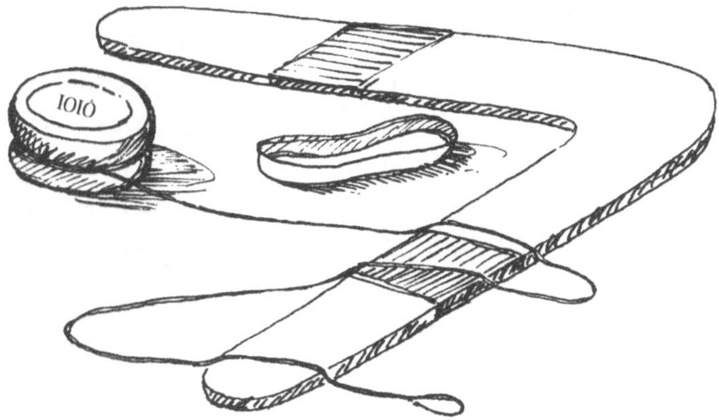

Materiais

Um elástico de escritório (uma tira de borracha circular para manter objetos unidos). Opcional: um bumerangue, um ioiô ou uma "língua de sogra", usada em festas infantis, que se desenrola quando é soprada e depois se enrola novamente.

Lição

Lei do bumerangue é outro nome para a lei de causa e efeito, uma lei básica que é conhecida sob muitos rótulos diferentes. O objetivo desta lição é nos lembrar de que iremos colher aquilo que semeamos – aquilo que vai também volta.

Faça com que as crianças observem enquanto você coloca um elástico em volta de seu dedo, esticando-o, e o deixa voltar à posição inicial suavemente. Repita a operação algumas vezes. "A lei de causa e efeito diz que o que é enviado para fora, volta – assim como o elástico faz. Qualquer coisa que seja colocada no universo, através de pensamentos, palavras ou atos, retorna para o ponto central que a originou. Por isso, se emitimos pensamentos e ações amistosos e cordiais iremos atrair cordialidade de outras pessoas". Puxe o elástico para representar um pensamento afetuoso a respeito de alguém. Agora deixe que se contraia suavemente outra vez, o que irá representar um bom pensamento retornando, como resultado do pensamento afetuoso. A seguir, peça às crianças que escolham um pensamento de crítica sobre alguém. Puxe o elástico e faça-o se encolher, para indicar que as críticas também voltarão para elas.

Se você estiver usando um ioiô, deixe-o cair e mencione um pensamento positivo, como amor. Quando o ioiô voltar, diga "amor" novamente para representar o amor voltando. Repita o processo com um exemplo negativo.

"O que semear você irá colher" é outra maneira de expressar a lei do bumerangue. Se partilharmos nossa vida com os outros e formos úteis, encontraremos pessoas ansiosas para partilhar conosco e nos ajudar. Se acalentarmos pensamentos de medo ou agirmos como se tivéssemos receio de ser magoados ou perder alguma coisa, certamente esse tipo de experiência irá se manifestar em nosso mundo.

Termine com uma nota positiva, enfatizando a natureza fantástica e criativa das crianças, e sua capacidade de escolher aquilo que terão em suas vidas, através de seus pensamentos e sentimentos. Uma ação é sempre precedida por um pensamento e um sentimento.

Afirmação Sugerida

Somente o bem vai de mim e somente o bem vem para mim.

10
ESTAMOS TODOS LIGADOS

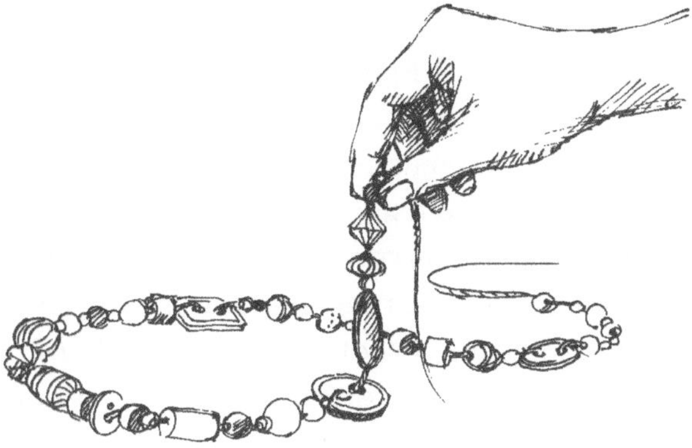

Materiais

Uma variedade de contas coloridas ou botões com dois ou quatro furos (sem haste) e um longo pedaço de fio ou barbante. Com um grupo de crianças, use fios separados; ou, se o grupo de crianças for muito grande, cada uma poderia acrescentar contas a um fio bastante comprido.

Lição

Nesta lição, o fio representa o Espírito ou Deus; as contas ou botões são a nossa individualidade ou a nossa individualização espiritual; e as cores, formas e texturas representam as nossas diferentes personalidades e aparência.

Faça com que as crianças escolham contas ou botões para colocar no fio e especifiquem a pessoa que cada uma das contas representa, como o Papai, o Tio Charlie, a Vovó, a babá, a professora, o carteiro e elas mesmas. Cada uma das contas ou botão deverá ter textura e aparência distintas, assim como ocorre com as pessoas.

Ajude as crianças a compreenderem que todas essas pessoas possuem alguma coisa em comum – o fio comum no centro de seu ser. Esse cordão, que nos liga uns aos outros, assim como o barbante conecta todos os botões ou contas, poderia ser chamado de Espírito. As pessoas têm muitos nomes para ele e ele se encontra no centro de cada um. Certifique-se de que as crianças sabem que você não está falando sobre o centro do corpo físico.

"É bom ver além das cores e formas das contas, ou além das diversas aparências e personalidades das pessoas, e saber que bem no íntimo, no centro ou âmago de nós mesmos, somos todos iguais. Esse centro é perfeito, sendo a nossa parte mais importante. Se considerarmos as pessoas como se estas fossem as contas, com cores e formas distintas, iremos nos sentir muito distantes e diferentes delas. Entretanto, se lembrarmos que estamos todos ligados pelo fio do Espírito, poderemos nos sentir próximos dos outros. Temos a liberdade de escolher buscar esse centro de perfeição dentro das pessoas e não ver somente a pessoa externa."

Se você considerar adequado, faça com que as crianças aquietem a mente durante alguns minutos, voltem-se para o próprio íntimo e sintam o cordão de amor, paz e perfeição.

Afirmação Sugerida

Busco a perfeição nos outros.

11
NÃO JULGUE

Esta lição pode ser dividida em duas partes.

Materiais

Parte 1: Um segmento de uma fotografia tirada de uma revista, calendário ou folheto de publicidade para cada criança. Por exemplo, se a fotografia for de um rosto, recorte a boca para uma criança, um olho para outra, um pedaço da bochecha, queixo ou orelha para outra criança, e assim por diante. Se a fotografia for de uma paisagem, apenas separe uma árvore ou um fragmento de um lago.

Parte 2: Uma folha de papel branco com um pequeno furo no centro para cada criança. As crianças poderão furá-la elas mesmas com um lápis ou a folha poderá ter sido previamente furada.

Lição

Parte 1: Dê a cada criança um pedaço da fotografia e lhes peça para dar sua opinião sobre o que a fotografia toda representa. Elas irão perceber que essa tarefa é somente um jogo de adivinhação. Compreenderão que não dispõem de elementos suficientes para fazer um julgamento preciso. Explique-lhes que isso também se aplica à maior parte dos julgamentos que fazemos neste mundo, especialmente aqueles que se referem às pessoas.

Segure a imagem de uma orelha ou de um nariz. "Assim como não podemos dizer muitas coisas sobre esse rosto, devido às nossas informações limitadas, nós realmente não temos condições de dizer muito sobre as pessoas, baseados em sua aparência e ações. Para julgar as pessoas corretamente teríamos que conhecer tantos detalhes de seu passado e de seu presente, que um julgamento imparcial seria impossível. Tudo o que vemos são pequenas quantidades de alguma coisa, nunca a imagem total; por isso, precisamos desistir de pensar que compreendemos uma coisa inteiramente, a partir dessas pequenas porções. A compreensão desse conceito é sabedoria e sabedoria é não julgar."

Parte 2: Distribua folhas de papel para as crianças e lhes peça para fazerem um pequeno buraco no centro, de forma que possam ver através dele. "Olhem para mim através do buraco no papel e me digam quanto conseguem ver. Olhem em volta da sala; vocês percebem como sua visão é limitada pelo tamanho do furo?

"A maioria de nós vê o mundo somente através de orifícios de observação. Nossa visão das outras pessoas é uma visão de 'olho mágico'. Aproximem-se uns dos outros e se entreolhem através do furo no papel. Assim como vocês são capazes de ver apenas um fragmento dos outros através do buraco, isso também é tudo o que conseguem realmente captar ou compreender sobre qualquer outra pessoa ou qualquer situação. A consciência de toda a humanidade no nível de desenvolvimento em que estamos aqui na Terra é muito limitada. Por isso, precisamos ser bastante cuidadosos para não julgar pessoas ou situações. Não vemos o quadro todo. Não temos consciência suficiente.

"Somente o julgamento do Criador é perfeito. Apenas permanecendo com a mente aberta seremos capazes de nos sintonizar com Seu nível de percepção. Quando estamos de cabeça feita, com uma opinião formada, torna-se impossível ouvir o Espírito dentro de nós. Podemos pedir sabedoria em qualquer situação e depois ficar em silêncio e ouvir a orientação."

A lição poderia terminar com uma meditação de atenção orientada, precedida por alguns momentos de respiração profunda para que as crianças possam relaxar.

Afirmação Sugerida

Deixo de lado os julgamentos e confio na sabedoria do Espírito em meu íntimo.

12
A MANEIRA DIFÍCIL *VERSUS* A MANEIRA FÁCIL

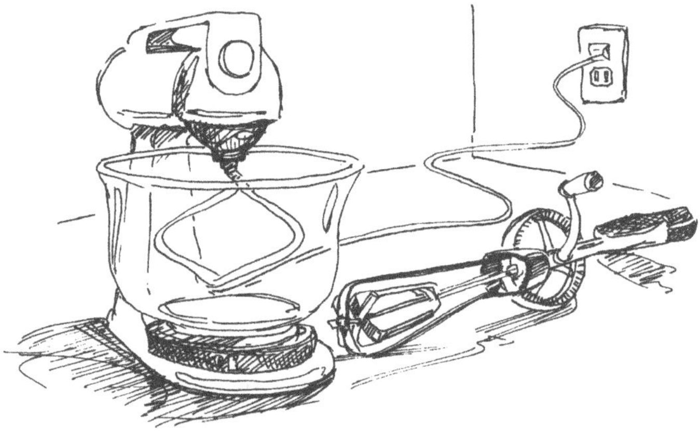

Materiais

Um batedor manual e uma batedeira elétrica.

Lição

Demonstre que tanto o batedor manual quanto a batedeira elétrica fazem praticamente a mesma coisa, mas com o primeiro o trabalho é muito mais árduo. Permita que as crianças tentem usar ambos e as ajude a misturar flocos de sabão em água, bater claras de ovos ou preparar um creme. Faça-as verem como é muito mais fácil trabalhar com a batedeira elétrica.

"O uso do batedor manual durante um longo tempo pode ser exaustivo. Ele é mais difícil de usar por não estar ligado à eletricidade. A batedeira elétrica torna o trabalho fácil porque está ligada à corrente elétrica. O fio e a tomada são canais para a eletricidade.

"O mesmo ocorre com as pessoas. Temos a escolha de usar o poder superior, o poder do Espírito, ou não usá-lo e fazermos tudo com a nossa própria força. Se fizermos tudo sozinhos, ficaremos exaustos e teremos resultados insatisfatórios. No entanto, quando pedimos ajuda ao Espírito, acessamos uma fonte de amor incondicional, sabedoria e conhecimento. Podemos receber a orientação correta para um projeto nosso em particular e receber a energia para executá-lo até o final.

"Se sabemos que existe um poder superior, um poder espiritual, que podemos usar, mas optamos por não usá-lo, isto é como saber ler, mas não ler. É como dispor de um manual de instruções, mas tentar descobrir como operar um equipamento sem ler essas instruções. Assim, você prefere fazer uma torrada com uma torradeira ou com uma vela?

"Por meio da oração ou do silêncio podemos nos sintonizar com o poder superior. Simplesmente peça ajuda ou orientação; depois, aquiete sua mente e ouça o que deve fazer em seguida."

Termine a lição com uma breve meditação de atenção orientada.

Afirmação Sugerida

Volto-me para um poder superior em busca de orientação.

13
CORTE O SEU PROBLEMA PELA METADE

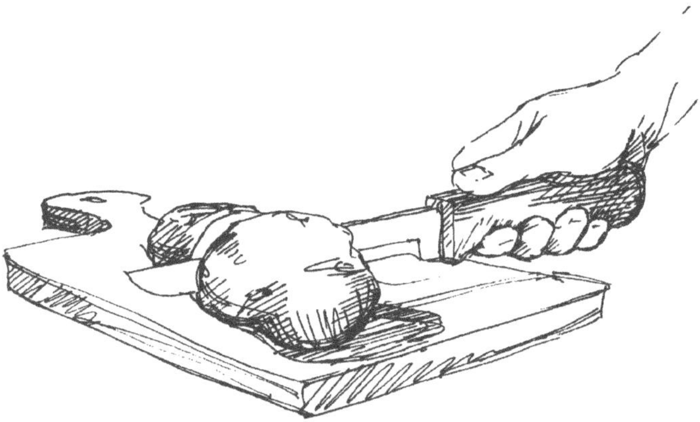

Esta lição (e muitas outras) pode ser apresentada com fantoches. Se um fantoche for utilizado, o diálogo será conduzido entre você e o boneco.

Materiais

Uma batata ou um pouco de argila, uma pequena tábua de cortar e uma faca.

Lição

Quando olhamos os problemas sem ressentimentos, nós os cortamos pela metade.

"A vida é uma escola, plena de maravilhosas lições a serem aprendidas com os problemas que se apresentam a nós. As nossas atitudes em relação a esses problemas fazem parte de nossa lição. Estas podem tornar o aprendizado divertido ou não.

"A batata [ou a argila] representa um problema, qualquer tipo de problema que você possa ter. Conheço uma maneira de tornar o problema menor, um modo de cortá-lo pela metade." Primeiro, peça que as crianças opinem. Elas poderão ter grandes ideias de como fazer com que os problemas ou desafios pareçam menores. A seguir, partilhe com elas o conceito de que um modo de cortar um problema ao meio é afastar ou eliminar o ressentimento.

Demonstre isso cortando a batata ao meio. Rotule a parte removida de *Ressentimento* e esclareça que esse ressentimento era o que estava fazendo o problema parecer duas vezes maior. "Quando nos desapegamos dos sentimentos de aborrecimento e abençoamos o problema, ele não apenas parecerá menor, como teremos liberado a nossa energia, de maneira que possamos buscar soluções. O ressentimento, como todas as emoções negativas, é uma forma de medo, e isso bloqueia a nossa energia.

"Quando você aprende a dar as boas-vindas aos seus problemas, considerando-os como desafios interessantes, como oportunidades de aprender, simplesmente como lições que a vida lhe está oferecendo, todos os seus problemas parecerão ter metade do tamanho. E você nunca precisará lidar sozinho com um problema ou com o ressentimento. O Criador está sempre disponível e você poderá lhe pedir ajuda. O Espírito tem o poder de transformar o ressentimento em amor."

Afirmação Sugerida

Aceito os meus problemas como desafios estimulantes e me liberto do ressentimento.

14
VIGIE SUAS PALAVRAS

Materiais

Uma vasilha de água, um saleiro ou um pequeno pires com sal, e uma colher de chá.

Lição

Esta lição mostra que palavras, uma vez pronunciadas, não podem ser recuperadas ou desditas; pelo menos não no plano físico. Nós podemos reverter seus efeitos, contudo, por meio da oração e da ação positiva.

"O pires [ou saleiro] nos representa; o sal são as nossas palavras e a vasilha de água é uma outra pessoa." Jogue aos poucos o sal na água. "Vocês percebem como as palavras se dissolvem na outra pessoa se esta as aceitar?" Personalize a demonstração: conte que você teve uma discussão com alguém e usou palavras das quais se arrependeu mais tarde. À medida que polvilha o sal sobre a água, explique, "Estas são as palavras que usei: burro, preguiçoso, mentiroso, maluco, perdedor. Depois, quis negá-las porque eu realmente não pensava daquela maneira. Entretanto, vocês acham que eu consegui? Vocês são capazes de tirar algumas dessas palavras ou cristais de sal da água para mim?

"Nossas palavras e pensamentos mergulham no oceano de pensamentos à nossa volta e, assim como o sal, nunca poderão ser recuperados. Por isso, é muito importante pensar cuidadosamente sobre aquilo que vocês dizem. Antes de falar, podemos perguntar a nós mesmos se aquilo que estamos prestes a dizer irá ajudar a atmosfera de pensamentos ou poluí-la, se irá trazer alegria ou dor para outra pessoa.

"O mesmo ocorre com os pensamentos, além das palavras. Podemos ajudar a anular os pensamentos negativos, substituindo-os por afirmações positivas, construtivas. Por exemplo, é possível neutralizar um pensamento sobre alguém ser um perdedor, ao pensarmos que aquela pessoa é uma vencedora. Como poderíamos diminuir o sal, a negatividade, em nossa vasilha de água? Isso irá funcionar com a atmosfera de pensamentos?"

Declarações positivas podem diluir muita negatividade. Explique que todos os nossos erros são passíveis de correção no nível espiritual, pelo Espírito. Lembre-se, as crianças não devem ficar com uma sensação de culpa. Ensine que através de afirmações e oração temos possibilidade de neutralizar erros passados e de nos sentir perdoados.

Afirmação Sugerida

Controlo cuidadosamente minhas palavras e pensamentos.

15
NOSSO POTENCIAL OCULTO

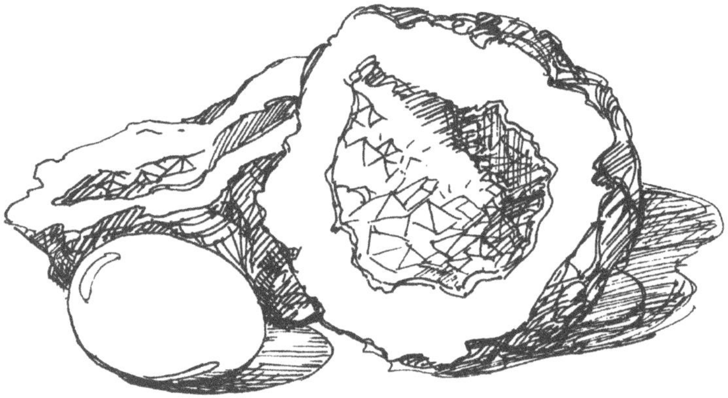

Esta lição inclui duas analogias distintas e, por isso, talvez você prefira abordá-las em ocasiões diferentes.

Materiais

Um ovo cru, um pequeno prato de vidro e um geodo (a metade de um será suficiente, mas duas metades, coladas uma à outra com fita adesiva, tornarão a lição mais divertida).

Lição

Parte 1: Mostre um ovo às crianças e fale sobre o milagre que ele representa. Afirme que nós, assim como o ovo, também somos um milagre. "Se algumas pessoas viessem de um país onde não houvesse ovos, vocês acham que elas iriam acreditar que uma galinha pudesse sair desta casca?" Quebre o ovo no prato. "Essas pessoas iriam examinar o conteúdo do ovo, procurando encontrar traços de penas, olhos ou patas, certamente concluindo depois que não haveria vida em potencial numa desordem pegajosa como aquela. Entretanto, se um ovo fértil for mantido aquecido por um período de tempo adequado, o conteúdo dentro da casca se transformará num perfeito pintinho.

"Nós passamos pelo mesmo processo. Nosso potencial, nosso esplendor oculto não se torna visível, a menos que seja reconhecido e alimentado. Os pais podem ajudar, mas precisamos aprender a fazê-lo sozinhos. Nós também já contemos tudo o que é necessário para sermos aquilo que o Espírito determinou que sejamos. Somos completos e perfeitos, porém, como o pequeno filhote da galinha, temos que nos decidir a sair de nossas cascas. Esse é um ato solitário. Ninguém pode fazer isso por nós."

Parte 2: A segunda analogia é retratada por um geodo, aquelas pedras acinzentadas e pouco atraentes que, quando abertas, revelam cristais deslumbrantes de cores diferentes. Mostre o geodo colado. "Isto nos simboliza. A superfície áspera e as irregularidades representam as falhas que podemos observar – nossos erros, nossos maus hábitos."

Em seguida, separe as metades da rocha e vire uma delas para cima, expondo seu interior. "Assim como existe uma luz inesperada e beleza dentro da pedra grosseira, há uma luz inesperada, amor e genialidade no íntimo de cada um de nós. Essa é a nossa natureza verdadeira, o nosso eu real, e é com esse conteúdo que queremos nos identificar, não com o nosso eu externo."

A metamorfose da lagarta em crisálida e depois em borboleta também poderia servir como uma analogia apropriada para esta lição.

Afirmação Sugerida

Aceito a pedra preciosa que existe dentro de mim e permito que as minhas palavras e ações reflitam a minha verdadeira identidade.

16
O ESPÍRITO ESTÁ PRESENTE EM TODOS OS LUGARES

Materiais

Uma vasilha de vidro transparente ou de plástico, cheia de água, e um frasco minúsculo de vidro transparente, sem a tampa.

Lição

A ilustração acima representa o corpo totalmente imerso no Espírito. Entretanto, crianças pequenas podem não entender direito quem ou o que é o Espírito. Um dia elas ouvem dizer que o Espírito está dentro: "Vá para o seu íntimo e ouça o Espírito em seu coração." No dia seguinte, ouvem dizer que o Espírito está em todos os lugares e em tudo, até mesmo nas baratas.

Essa simples analogia visual pode tornar um assunto complexo mais claro. A água representa o Espírito puro; ele está dentro e fora do corpo, o que é simbolizado pela garrafinha de vidro. Se as crianças já tiverem visto o mar, compare a vasilha de água com o oceano e o frasco com os corpos delas ou lhes explique que nós todos somos como gotas de água no enorme oceano do Espírito. Quando reconhecemos isso somos capazes de aceitar que o amor e a sabedoria divina está sempre disponível para nós. Nunca estamos sós.

Você poderia usar novamente a analogia do filão de pão, que mostrou como nós somos fragmentos do todo, e possuímos as mesmas qualidades divinas.

Afirmação Sugerida

Não existe um único lugar onde Deus não esteja.

17
EU VEREI QUANDO ACREDITAR

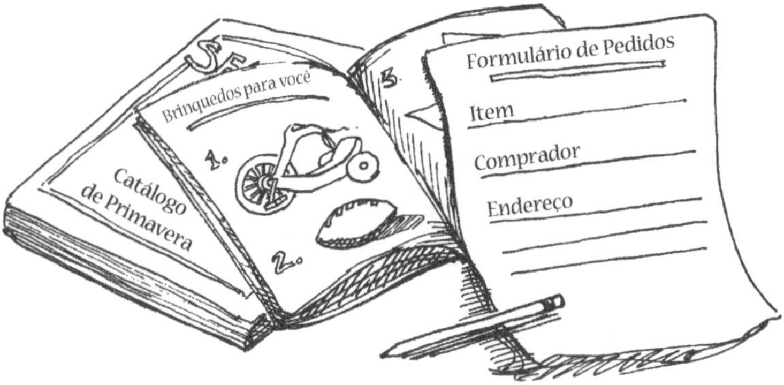

Materiais

Um ou dois catálogos.

Lição

"A lei da criação intencional diz que deve haver equilíbrio entre querer e esperar, para que possamos criar algo novo em nossa vida. Por exemplo, se queremos ir para um acampamento, precisamos querer com os nossos pensamentos e sentimentos, e também precisamos acreditar que isso é possível para nós. Muitas vezes desejamos alguma coisa com pensamentos e sentimentos, mas o que está faltando é a crença de que isso irá se manifestar para nós.

"Vamos lembrar que, quando fazemos um pedido através de um catálogo, já aceitamos mentalmente aquele item.

Acreditamos que agora já o temos. É um assunto encerrado. Podemos ter decidido comprar alguma coisa que combine com o item pedido ou ter escolhido um lugar para colocá-lo. Esse tipo de aceitação mental é que é necessário para a criação intencional."

Mostre para as crianças um catálogo para pedidos pelo reembolso postal e certifique-se de que elas compreendem como o sistema funciona. Você poderá deixá-las fazerem um pedido para que gravem o sentimento de aceitação mental.

Afirmação Sugerida

Eu verei quando acreditar.

18
CONCENTRE-SE NO QUADRO E NÃO NA MOLDURA

Materiais

Uma fotografia ou pintura numa moldura atraente. Coloque uma folha de papel sobre a imagem.

Lição

"Como seríamos tolos se visitássemos uma galeria de arte e nos concentrássemos nas molduras e não nas obras-primas colocadas nelas. É isso que fazemos quando focalizamos nosso corpo e não o amor e o espírito que estão dentro dele. A obra-prima que o Criador colocou dentro da moldura temporária do nosso corpo é o foco de nossa atenção. Somos muito mais do que nosso corpo."

Outra analogia que você poderia usar é da roupa espacial. "Assim como as roupas espaciais seriam necessárias se fôssemos visitar outro planeta, temos que vestir uma roupa espacial quando nascemos neste planeta. Ela é chamada de corpo. Nosso corpo não é o nosso eu real. Nós já existíamos antes de ocupar nosso corpo e continuaremos a existir quando deixarmos o nosso corpo."

As crianças poderiam representar uma cena, agindo como se fossem visitantes de uma galeria de arte, em que admirariam molduras, ou como se fossem astronautas, escolhendo e vestindo roupas espaciais. Lembre-as de que o objetivo delas é ver a Luz, ou qualidades espirituais, em outras pessoas e não ficar presas a molduras ou roupas espaciais.

Afirmação Sugerida

Gosto de olhar para além do corpo e ver a pessoa interior.

19
PENSAMENTOS PUROS

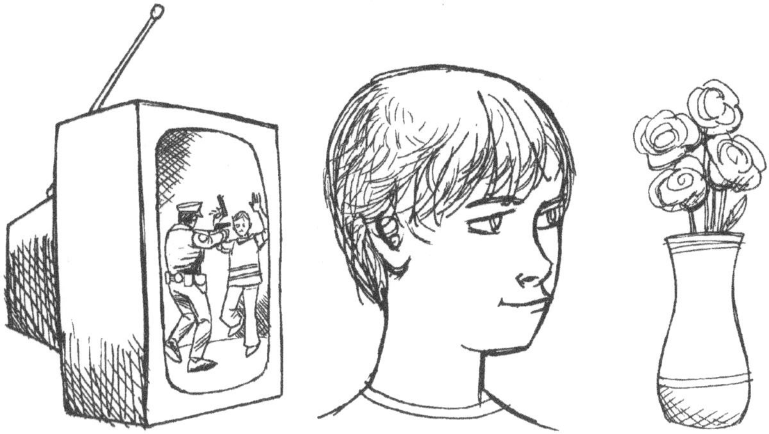

Materiais

Fita crepe, pedaços de feltro de cor escura e um velho suéter ou casaco.

Lição

Se quisermos permanecer cheios de Alegria e próximos do Espírito, precisamos evitar vibrações inferiores, como xingamentos, pornografia e violência, o que inclui simplesmente ver essas coisas, como num programa de televisão. Quando a nossa mente está atulhada com tais pensamentos, ela se torna impura. Impureza atrai mais impureza.

Enrole fita crepe em volta das mãos das crianças com a parte colante para fora. Faça com que elas esfreguem a fita num pedaço de feltro escuro ou num velho suéter ou casaco. Mostre como as partículas de feltro ou da roupa se prendem à fita.

Explique que as nossas mentes são como a fita e que elas retêm aquilo a que são expostas. Os pensamentos impuros aderem à mente, sendo quase impossível removê-los. Peça a uma criança para tentar remover as partículas finas de feltro presas à fita.

Afirmação Sugerida

Mantenho os meus pensamentos cheios de amor, limpos e puros.

BROTOS

PARA ESTUDANTES MAIS AVANÇADOS

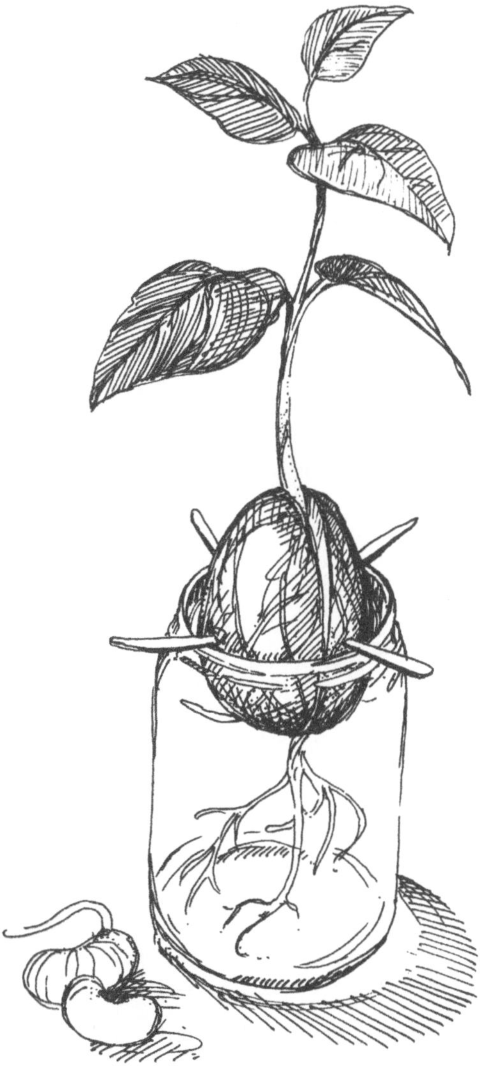

20
SEMELHANTE ATRAI SEMELHANTE

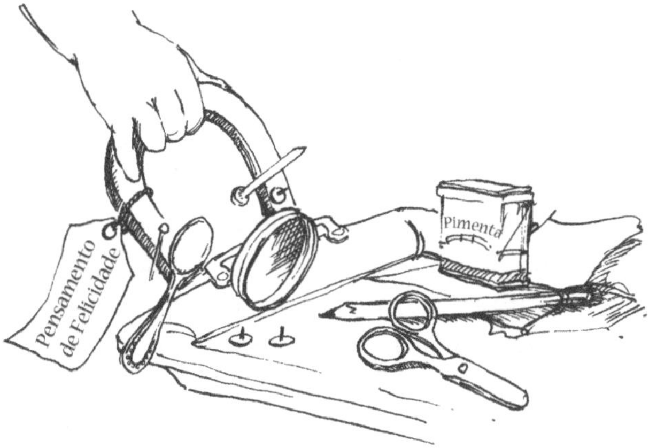

Materiais

Um ou dois ímãs fortes, um marcador lavável com ponta de feltro, duas papeletas, tiras de fita adesiva e uma bandeja com pequenos objetos, alguns dos quais devem conter ferro ou aço. Esses pequenos objetos podem ser encontrados facilmente na cozinha ou no banheiro: copos de papel, canudos, palitos de dente, lápis, clipes para papel, colher de medida, descascador de batata, saca-rolhas, tampa de jarra, abridor de garrafa, pregos ou percevejos, lata de temperos, tesoura, *timer* para ovos, quebra-nozes, palha de aço, saleiro, pinça, batom ou brilho labial, um pequeno espelho e assim por diante. Teste os objetos previamente para se certificar de que o ímã irá atrair alguns desses itens e para saber quais são eles.

Lição

Você pode deixar as crianças experimentarem primeiro, para ver que itens o ímã irá atrair. Se elas não souberem, aponte o denominador comum desses objetos: ferro.

"Há uma lei que diz 'Semelhante atrai semelhante'. Ela é chamada de lei da atração, sendo considerada a lei mais poderosa do universo. Segundo essa lei, quando temos um pensamento consciente e um sentimento correspondente, enviamos energia através do nosso corpo; à medida que enviamos essa energia através do corpo, atraímos a mesma energia ou vibração de algum outro lugar.

"Deixe-me lhes mostrar como isso funciona. Vamos fazer de conta que todos estes itens são pensamentos, incluindo o ímã. Digamos que este ímã seja um pensamento de felicidade. [Rotule-o de *Pensamento de Felicidade* com uma papeleta.] Ele pensa, 'Tenho grandes amigos'. Aqui estão dois objetos. Um é um pensamento feliz: 'Sou um bom cantor' [pegue um objeto magnético]; o outro é triste: 'Sou horrível nos esportes' [mostre um objeto não magnético]. Que pensamento vocês acham que esse pensamento magnético irá atrair? [Espere pela resposta.] Lembrem-se, a lei é 'Semelhante atrai semelhante'. Com certeza ele terá atraído o bom pensamento. Vamos ver se isso acontece novamente. Estes são os pensamentos: 'A professora gosta de mim' e 'Meu irmão é mau'. Certamente, ele atraiu o pensamento positivo. [Remova os objetos da bandeja à medida que forem sendo usados.]

"Agora vamos pegar o outro ímã [se houver dois] [ou mude o nome do ímã, rotulando-o de *Pensamento de Infelicidade*]. Talvez ele expresse 'Coitado de mim, ninguém gosta de mim'. Que tipo de pensamento vocês acham que ele atrairá? Lembrem-se da lei. Talvez ninguém brinque com vocês se vocês se concentrarem naquele pensamento. Vocês conseguiriam citar alguns pensamentos negativos? Cada um desses pensamentos irá atrair outro semelhante. [Demonstre com o ímã e outros objetos como um pensamento negativo atrairá outros pensamentos do mesmo tipo.]

"Pessoas que têm pensamentos positivos irão atrair para si mesmas pessoas felizes e positivas, com as quais é divertido conviver. Se elas tiverem o hábito de pensar pensamentos de natureza infeliz, atrairão outras pessoas e experiências negativas. A maneira como a energia flui, positiva ou negativa, ditará como elas irão vibrar. A consequência disso será atrair para si coisas e pessoas de acordo com a própria vibração".

Afirmação Sugerida

Concentro-me no que é positivo e atraio somente coisas boas para mim.

21

O PODER DAS AFIRMAÇÕES

Esta lição terá mais eficácia se usada após a Lição 20, "Semelhante Atrai Semelhante", sendo mais útil apresentar suas duas partes em ocasiões diferentes.

Materiais

Parte 1: Um copo transparente com água (encha três quartos do copo), um vidro de corante alimentar, uma colher, alvejante líquido num frasco pequeno e um conta-gotas (um canudo poderá ser usado no lugar do conta-gotas).

Parte 2: Um copo e uma quantidade suficiente de pedrinhas ou feijões para enchê-lo.

Lição

Parte 1: Explique que o copo representa a mente de uma pessoa e a água simboliza pensamentos armazenados na mente. Destaque o fato de que essa mente está cheia de pensamentos claros e limpos. Peça exemplos de tipos de pensamentos positivos e plenos de felicidade que a água poderia representar. A seguir, deixe as crianças colocarem uma gota de corante alimentar na água, chamando-a de pensamento negativo. Pergunte-lhes que pensamento seria esse, e faça você mesmo uma sugestão, como "Não consigo falar na frente de outras pessoas" ou "Que ideias bobas eu tenho!" Você poderia exclamar, "Puxa! Aí vem outro pensamento negativo," ao adicionar mais uma gota de corante alimentar.

Pergunte às crianças o que poderia ter atraído esses pensamentos. Ajude-as a se lembrarem da lei "Semelhante atrai semelhante", segundo a qual um pensamento negativo atrai para si mais pensamentos negativos.

Repita o processo até que a água tenha ficado completamente colorida. Peça às crianças que pensem em afirmações negativas comuns, ouvidas na escola ou pela televisão. Explique que pessoas com mentes cheias de negatividade provavelmente se sentem muito cansadas, uma vez que a energia física é consumida três vezes mais depressa!

Pergunte-lhes se elas têm ideias sobre como se livrarem de toda essa negatividade – pensamentos de medo, dúvida e limitação. Ensine-lhes afirmações que podem funcionar bem para elas (consulte "Orientação para as Afirmações"), explique que, em geral, são necessários muitos pensamentos positivos para cancelar um pensamento negativo, porque os pensamentos negativos normalmente são introduzidos com muito mais sentimento ou emoção do que os positivos.

Faça com que a água colorida represente um temor ou limitação que as crianças possam sentir. Crie uma afirmação que os contrabalance, e faça com que elas adicionem uma gota de alvejante à água. Peça-lhes para repetirem essa afirmação, ou uma semelhante, enquanto acrescentam mais gotas de alvejante. Por exemplo, se tiverem receio de ser pouco inteligentes ou não tão capazes quanto as outras crianças, a afirmação poderia ser "Sou uma pessoa inteligente", "Tenho muita capacidade" ou "Aprendo depressa". Mexa a água de vez em quando para misturar o alvejante e repita esta parte da lição até que a água volte à sua condição clara, positiva. (Pratique com antecedência para saber quanto alvejante será necessário para limpar a água – cerca de dez para um, assim como é preciso um número maior de pensamentos positivos para anular a negatividade.)

Parte 2: Para apresentar uma analogia alternativa para demonstrar o poder da afirmação, use um copo de água e uma quantidade suficiente de pequenas pedras ou feijões para enchê-lo. Compare a negatividade armazenada em nossas mentes com a água do copo e sugira que as pedras representam afirmações capazes de dissipar a negatividade. Pedras maiores ou feijões podem ser usados para representar afirmações feitas com grande emoção ou sentimento. Estas contêm mais poder porque os sentimentos criam. Novamente, um pensamento pode ser mencionado, enquanto as pedras representam afirmações específicas. Por exemplo, se uma criança se ressente da falta de amigos, as afirmações poderiam ter o seguinte conteúdo "Novos amigos aparecem o tempo todo na minha vida", "Sou uma pessoa gentil e afetuosa", "Tenho amigos por ser uma pessoa leal" ou "Tenho muitos amigos!"

Afirmação Sugerida

Posso escolher como me sinto escolhendo a maneira como penso e falo.

22
PENSE SOBRE AQUILO QUE VOCÊ QUER, NÃO SOBRE AQUILO QUE VOCÊ NÃO QUER

Materiais

Dois copos com dois terços de calda de chocolate ou outra substância que simule sujeira, uma colher, uma vasilha e uma pia com água correndo.

Lição

"Nós somos o copo e a sujeira representa uma situação negativa ou um problema em nossa vida. Podemos limpar ou resolver esse problema de duas maneiras diferentes. Uma delas é escavar o problema, raspá-lo de dentro do copo até removê-lo; isto é o que fazemos quando nos concentramos com muito empenho numa dificuldade tentando resolvê-la." Raspe a sujeira do copo para dentro de uma vasilha, mostrando que o copo ainda não ficou muito limpo.

"A outra forma é muito mais fácil porque tudo que temos que fazer é colocar o copo com a sujeira debaixo de uma torneira e deixar que a água escorra sobre ele durante cerca de cinco minutos." Faça isso.

A água representa o fluxo de energia, de pensamentos positivos e imagens mentais, quando nos concentramos somente no resultado, sem pensar no problema. Atenção total é colocada no resultado final, não nos meios de chegar a ele. Esses pensamentos positivos podem ser visualizações, afirmações, determinações ou apelos. Esse método elimina o problema sem esforço, sem luta. Se tivermos que agir, recebermos essa orientação ao ouvirmos o nosso Instrutor Interno.

Enquanto o copo fica limpo ou livre da sujeira, mencione um problema conhecido das crianças e lhes peça sugestões de afirmações e imagens mentais que possam ser usadas para lavar o problema. Depois reverta o processo. Exiba um copo de água limpa (representando as crianças plenas de pensamentos positivos) e lhes mostre como esta pode ficar turva quando pensamentos negativos (sujeira) mesmo em pequenas quantidades são introduzidos.

O modo como fazemos fluir a nossa energia, isto é, a maneira como vibramos, determina em grande parte as nossas experiências de vida.

Afirmação Sugerida

Faço a minha energia fluir na direção daquilo que quero e não daquilo que não quero.

23
O PODER DO AMOR

Materiais

Dois recipientes para terra ou água e sementes de abóbora.

Lição

Antes de plantar as sementes, coloque os dois recipientes em ambientes semelhantes, mas mantenha-os separados um do outro.

Recipiente nº 1: Ao plantar as sementes em água ou terra, pronuncie palavras delicadas, afetuosas, com voz suave: "Gosto de vocês e vocês irão crescer, florescer e alegrar meu coração". Continue com esse processo durante vários dias, até que possa ver os brotos.

Recipiente nº 2: Diga palavras negativas a essas sementes, utilizando expressões desagradáveis e uma voz ríspida:

"Vocês nunca conseguirão germinar, mas se conseguirem, serão fracas, nunca terão flores ou hastes fortes". Repita o mesmo processo durante vários dias. Observe a diferença entre as plantas.

Agora converse com as crianças sobre ambientes, pessoas e atmosferas felizes e negativas. Ressalte o fato de que crescemos muito mais felizes quando o nosso valor é reconhecido, somos amados e cuidados com carinho; por outro lado, é muito mais difícil sobreviver com baixa autoestima, uma autoimagem negativa e quando vivemos sob pressão ou somos criticados. Dê-lhes exemplos e tenha histórias apropriadas para partilhar.

Afirmação Sugerida

Desabrocho quando sou amado.

24
AQUILO QUE PRENDE A MINHA ATENÇÃO ME PRENDE

Materiais

Um recipiente, como um vaso solitário, uma garrafa de água ou vidro de *ketchup*, vários pedaços de barbante, tesoura e vários objetos diferentes. Amarre os fios no gargalo do vaso e prenda-os aos objetos. Se necessário, use fita adesiva para isso.

Lição

"O vaso [ou garrafa ou vidro] simboliza as pessoas e os fios representam a nossa atenção. Há uma lei espiritual que diz, 'Aquilo em que você coloca sua atenção se liga a você, e a essência disso volta para você por meio de sua atenção. A energia flui para onde você coloca a sua atenção.'

"Portanto, se a sua atenção se fixar em alguma coisa que você não quer em sua vida [percorra com um dedo o barbante amarrado a um dos objetos], o que você precisa fazer é cortar aquele fio. Considere essa situação como uma linha telefônica que pode transmitir e receber mensagens. Se a linha for interrompida, não haverá mais mensagens." Corte o fio.

Sugira que os objetos representam circunstâncias que poderiam ter atraído a nossa atenção de uma maneira negativa. Dê seu próprio exemplo, como "Eu pensei ainda hoje sobre como (nome da pessoa) é crítica. Parece que nada a agrada. Ela critica tudo. Porém, se eu ficar pensando em sua atitude crítica, atrairei mais pessoas ou atitudes críticas para mim. Por isso, o que quero fazer é cortar rapidamente aquele fio de atenção [corte um fio] e me libertar de sua negatividade.

"Agora pensem no exemplo de alguma coisa que não iriam querer em suas vidas, mas na qual vocês colocaram sua atenção." À medida que exemplos forem dados, designe um deles para cada objeto que esteja atado a um barbante. Corte o fio, enquanto a lei "Aquilo em que você coloca sua atenção volta para você" é reafirmada.

As crianças poderão dar exemplos, como "Papai não consegue um emprego", "Brigas para ver quem fica com o controle remoto da televisão", "Tarefas que não gosto de fazer", "Alguém roubou a minha bicicleta", "Não tenho tanto dinheiro como outras crianças," ou "Leio muito devagar".

"Todas as vezes que vocês perceberem que sua atenção está concentrada em alguma coisa que não querem em suas vidas, vocês poderão mentalmente cortar o fio e, em seguida, pensar naquilo que querem. Seus sentimentos são a chave para a sua atenção. Eles são mais poderosos que o pensamento. Eles carregam mais energia."

Acrescente mais um objeto e amarre um barbante a ele também. "Isto representa o Espírito. Se contemplarmos o amor, a sabedoria e o poder do Espírito, essa mesma lei irá atrair tais qualidades para nós. Aquilo que prende a nossa atenção nos prende; portanto, vamos colocar a nossa atenção no pensamento mais elevado que conhecemos."

Para terminar a lição, amarre vários objetos novos, cada um representando uma ideia positiva sobre a qual as crianças iriam querer manter a atenção, tais como amizade, saúde, boas notas na escola, o desenvolvimento de uma nova habilidade.

Afirmação Sugerida

Concentro a minha atenção naquilo que é positivo e bom.

25
OS PENSAMENTOS NÃO SE AFASTAM DA FONTE QUE OS CRIOU

Materiais

Um lápis e papel sem carbono em duplicata (como o usado em escritórios para emitir faturas) ou duas folhas de papel, com papel carbono entre elas, para cada uma das crianças e adultos.

Lição

Peça para as crianças se lembrarem de pensamentos positivos e negativos que tiveram recentemente em relação a outras pessoas. Estimule a percepção deles de pensamentos afetuosos, cordiais e de pensamentos hostis, de ódio, rancor e ressentimento. Para auxiliar o processo da memória, ofereça alguns de seus exemplos pessoais, baseados na vida real. Para cada pensamento de que você se lembrar, escreva uma ou duas palavras que o descrevam em sua folha de papel. Peça às crianças para fazerem o mesmo, utilizando símbolos em vez de palavras se for difícil para elas descreverem o sentimento por escrito. Por exemplo, um círculo poderia representar um sentimento de afeição e um rabisco, um sentimento de raiva.

Depois de a lista ter sido concluída, intitule a página de cima *Meu Corpo e Meu Cérebro* e a página de baixo, *Outras Pessoas*. Esclareça que todos os nossos pensamentos e sentimentos deixam sua marca em nosso corpo e cérebro. Eles simplesmente não saem de nós e vão para outras pessoas.

Explique, num nível compreensível para cada uma das crianças, "As vibrações de nossas emoções afetam o nosso corpo, e os nossos pensamentos ficam impressos em nosso cérebro, o que modifica a maneira como vemos o mundo. Portanto, nunca podemos nos libertar de pensamentos ofensivos ou de hostilidade. Aquilo que sentimos está nos afetando mais do que à outra pessoa. Algumas vezes, a outra pessoa nem mesmo tem consciência dos nossos sentimentos. Qualquer coisa que transmitimos – seja algo afetuoso ou prejudicial – é enviada para nós antes, como na folha de papel superior, sendo depois passada para a outra pessoa." A cópia feita com papel carbono geralmente é um pouco mais leve que o original. Use isto para mostrar que nós somos mais afetados por nossos comentários ou pensamentos perniciosos do que a outra pessoa.

"Podemos nos ajudar por meio de pensamentos bons, cordiais, afetuosos, porque estes têm um efeito de cura e harmonização em nosso corpo." Peça às crianças e aos adultos para anotarem alguns pensamentos positivos sobre pessoas específicas e depois observarem como essas emoções foram registradas antes na página "Meu Corpo e Meu Cérebro".

Afirmação Sugerida

Cuido dos meus pensamentos para que eles me ajudem e ajudem outras pessoas.

26
SUAS PALAVRAS TÊM PESOS OU ASAS?

Materiais

Dois pedaços de papel ou papelão dobrado ao meio para a confecção de avisos que se mantenham em pé (veja a ilustração). Desenhe uma âncora ou qualquer outro tipo de peso em um e asas no outro. Tenha em mãos uma pilha de palavras isoladas, cortadas de jornais ou revistas, ou lápis e pequenos pedaços de papel (ou ambos).

Lição

"Paus e pedras podem quebrar os meus ossos, mas palavras nunca me atingem." Pergunte às crianças se elas acham que esse antigo verso contém alguma verdade. Peça exemplos que confirmem ou desmintam essa afirmação. A maior parte das pessoas concorda que as nossas palavras são capazes de elevar as pessoas ou puxá-las para baixo, fazendo-as chegar no fundo do poço. O mesmo é válido para os nossos pensamentos, porque as palavras são apenas símbolos dos pensamentos.

Juntos, tentem encontrar palavras, comumente usadas, que ajudam as pessoas a se sentirem exaltadas ou oprimidas. Façam anotações em papel cortado e coloquem os papéis diante do cartão de aviso apropriado. A seguir, examinem a pilha de palavras que você recortou e distribuam-nas entre os avisos.

"Palavras que são como pesos ou âncoras fazem com que nos sintamos pesados, desanimados, limitados, com a sensação de que nos faltam coisas ou de alguma forma temerosos. Isso inclui não somente comentários que nos diminuem, mas também notícias negativas, críticas, interrogatórios ou qualquer coisa que crie a ilusão de separação entre as pessoas. Essas palavras constituem uma forma de separação porque ignoram que a outra pessoa também é filha do Criador.

"Palavras que nos ajudam a nos sentir leves são palavras sinceras, que nos elevam; através delas, cremos ser capazes, dignos de amor e positivos. Essas palavras fazem com que nos sintamos bem em relação a nós mesmos, aos outros e ao mundo à nossa volta. Palavras relacionadas com 'Sentir-se Bem' trazem luz à nossa mente e ao nosso coração, enquanto palavras que correspondem a 'Sentir-se Mal' trazem escuridão." Sugira que as crianças se tornem observadores cuidadosos das reações das pessoas, de maneira que possam saber como os outros estão respondendo interiormente ao que elas dizem.

Esta lição tem como foco o efeito que uma palavra ou pensamento tem sobre as pessoas. Certifique-se de que as crianças compreendam que suas próprias palavras também podem exercer um poderoso efeito sobre elas. Se os pensamentos forem sombrios e de condenação, se elas se criticarem ou falarem sobre algo que lhes falte ou sobre limitações, estarão criando escuridão em vez de luz em suas mentes. A autocrítica pode ferir mais que a crítica feita por outras pessoas, porque, se ela vier de fora de nós, podemos sempre escolher rejeitá-la; contudo a autocrítica normalmente não é rejeitada.

Ao terminar a lição, peça que os participantes conversem uns com os outros, usando somente palavras com asas – palavras que elevam.

Afirmação Sugerida

Minhas palavras têm asas; elas me elevam e elevam as outras pessoas.

27
O PODER CRIADOR DA IMAGINAÇÃO

Materiais

Tesoura e papel para cada uma das crianças e adultos.

Lição

O papel representa a energia ou substância da qual o universo é feito. A tesoura simboliza a nossa imaginação.

"Algumas pessoas afirmam que a imaginação é como a tesoura da mente. Você poderá utilizá-la para recortar, separando da substância universal qualquer coisa que escolher." Peça exemplos específicos daquilo que as crianças gostariam de ter ou ser; depois, faça-as recortarem o papel, criando formas simbólicas. Comece mencionando seus exemplos concretos: uma viagem, um determinado emprego ou talento, uma nova casa e assim por diante.

"Nossa imaginação é um dos maiores poderes que temos e deve ser usada com muito cuidado. Qualquer coisa que imaginarmos vividamente, com fé, ou repetidas vezes poderá se manifestar em nossa vida; por isso, devemos imaginar somente coisas que queremos viver." Dê exemplos sobre o uso da imaginação relacionados com o mundo das crianças atualmente: ganhar um prêmio, fazer uma nova amizade, ficar doente, ir mal numa prova, perder alguma coisa, levar um tombo enquanto patina e outros.

Lembre-lhes de que elas têm possibilidade de escolher usar a própria imaginação de modo construtivo ou destrutivo. Explique que o "músculo" da imaginação precisa ser exercitado como qualquer outro músculo, ou ele irá definhar por falta de uso. Se o tempo permitir, inclua alguns exercícios de imaginação criativa para ampliar ainda mais a imaginação das crianças. Comece com perguntas que visam estimular a imaginação: "E se..." e "Vamos imaginar que...".

Conclua com um exercício de visualização no qual as crianças fechem os olhos e usem a própria imaginação para construir algum bem que desejam em suas vidas. Aqui estão algumas sugestões:

- Imagine como seria um dia perfeito do começo ao fim.
- Imagine onde você mais gostaria de ir se pudesse fazer uma viagem.
- Imagine o seu desempenho melhorando na escola ou nos esportes.

Afirmação Sugerida

Uso a minha imaginação com criatividade e sabedoria.

28
NOSSA PONTE INVISÍVEL

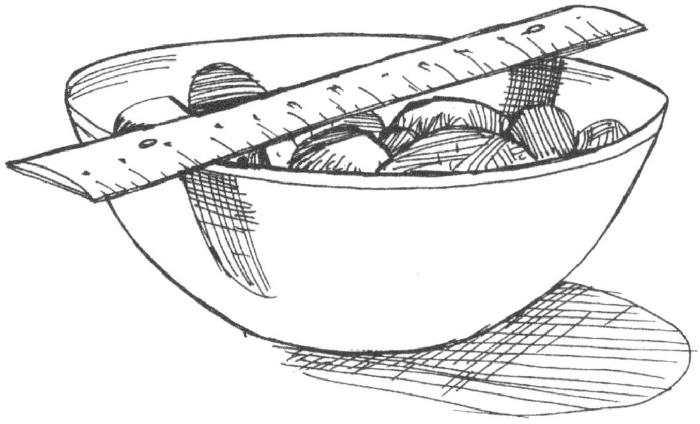

Materiais

Uma régua de 30 centímetros de comprimento e uma pequena caixa de papelão, como uma caixa de sapatos, com uma abertura menor que 30 cm. A caixa poderia estar vazia ou conter pedras (ou algo semelhante), como símbolo dos obstáculos da vida ou do desconhecido.

Lição

Explique que existe uma ponte invisível que nos conduz ao "bem" que desejamos. Essa ponte é constituída de Amor, Alegria e Gratidão. Escreva cada uma dessas palavras num pequeno pedaço de papel e peça para uma das crianças colar os papéis firmemente sobre a régua, transformando-a numa ponte de Amor, Alegria e Gratidão. A régua formará uma ponte sobre a caixa e levará ao "bem" que as crianças almejam. Dê-lhes tempo para decidirem silenciosamente o que mais querem. Não há inconveniente em partilhar os desejos, desde que isso seja opcional; você estará respeitando a privacidade e os sentimentos das crianças se permitir que elas mantenham seus desejos em segredo se preferirem.

Esclareça que a ponte está em nosso coração. Ela é composta de três sentimentos: Um, seu Amor pelo objeto ou experiência; dois, a Alegria que você sabe que irá sentir; e três, a Gratidão em seu íntimo. Um por um, mencione os três sentimentos e dê tempo às crianças para que sintam Amor, Alegria e Gratidão.

Afirmação Sugerida

O Amor, a Alegria e a Gratidão me conduzem ao Bem que desejo.

29
CRIAÇÃO INTENCIONAL

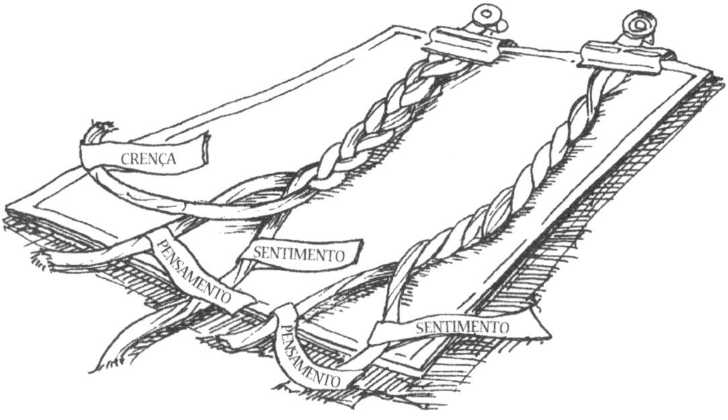

Esta lição é apresentada em duas partes. Ela pode ser abordada de duas maneiras diferentes, dependendo da idade das crianças e de seus níveis de compreensão.

Materiais

Parte 1: Duas meadas de linha de cores diferentes ou dois cordões para cada criança. Cole as meadas ou cordões sobre uma superfície plana ou prenda as peças a alguma coisa, de modo que elas possam ser torcidas e trançadas entre si.

Parte 2: Três meadas de linha ou cordão (três cores) presas com fita adesiva ou de alguma outra maneira para que os fios possam ser trançados.

Lição

Parte 1: Esta lição serve como um rápido lembrete de que nossa mente e nosso coração têm que estar em harmonia para criarmos aquilo que desejamos em nossa vida.

Dê a cada criança duas meadas de linha ou cordão de cores diferentes. Identifique uma como pensamento e outra como sentimento. Desenvolva a ideia de que um sentimento aliado a um pensamento cria emoção. É o sentimento que fornece a energia para fazer o pensamento avançar, de modo que este possa se tornar uma coisa ou uma experiência.

Peça às crianças para pensarem em algo que desejam, como o aperfeiçoamento de uma aptidão ou uma experiência divertida. Escolha uma das meadas para representar esse pensamento e sugira que a segunda seja o sentimento, a paixão por essa ideia. Faça com que as crianças torçam os fios firmemente juntos; isto será um símbolo de como os desejos de sua mente e coração devem estar completamente integrados para obterem os resultados esperados. Essa emoção é decisiva para a cocriação.

Parte 2: Este exercício apresenta uma imagem mais completa da criação deliberada porque uma terceira meada é introduzida com o objetivo de representar a crença ou expectativa. Podemos querer alguma coisa apaixonadamente, mas, a menos que acreditemos que ela seja possível para nós, ela não se tornará real. Em qualquer criação existe sempre algum equilíbrio entre crença e desejo.

Esta lição poderá se transformar num momento agradável para uma criança aprender a trançar, enquanto repete um pensamento específico, sentimento e crença para cada meada, como "Quero aprender a nadar" (pensamento), "Afinal de contas, se outras crianças nadam não há razão para que eu não possa" (sentimento) e "Creio que posso ser um bom nadador" (crença).

Talvez você queira expandir esta lição com o intuito de explicar que a verdadeira alegria resulta de uma sintonia entre o nosso eu interior e o nosso eu exterior, nossa personalidade e alma, nossa mente e coração.

Afirmação Sugerida

Posso manifestar o bem em minha vida, entrelaçando os meus pensamentos, sentimentos e crenças.

30

A MUDANÇA É NECESSÁRIA PARA O CRESCIMENTO

Esta lição será especialmente útil se uma criança estiver enfrentando mudanças ou algo novo, como talvez a participação de um grupo de escoteiros ou de um time de futebol, ir para um acampamento, passar a noite na casa de um amigo pela primeira vez ou entrar numa nova escola.

Materiais

Uma planta viva cujas raízes encheram o vaso, impedindo seu desenvolvimento, e que precisa ser replantada. Se uma planta nessas condições não estiver disponível, use um minúsculo vaso de cerâmica ou um pequeno vaso de papelão para transplantar, uma grande massa de barbante embaraçado, que será pressionada dentro do vaso, e uma flor artificial a ser inserida na massa de barbante.

Lição

Se você não usar uma planta viva, explique que o emaranhado de barbante representa as raízes da planta. "Raízes necessitam de muita terra para crescer, porém estas cresceram tanto que quase não há lugar para a terra. Precisamos remover a planta de seu antigo vaso e colocá-la num maior ou a planta não terá mais espaço para crescer."

Esclareça que as pessoas são exatamente como a planta; nós também, algumas vezes, temos que ter espaço para crescer. Compare o vaso com as antigas maneiras de as crianças pensarem sobre elas mesmas. O velho vaso ou as velhas formas de pensar podem representar uma situação tão confortável que, em certas ocasiões, precisamos nos arrancar de nossa "zona de conforto". Se não fizermos isso, o nosso crescimento se tornará prejudicado, assim como o crescimento da planta é retardado quando esta se encontra num recipiente pequeno demais para ela. O antigo vaso atendeu às necessidades da planta num dado momento e foi bom para a planta. Agora que esta cresceu, uma mudança é necessária para que ela continue a se desenvolver.

Discuta com as crianças como, para crescer e se transformar em tudo aquilo que podem ser, elas deverão mudar suas velhas ideias sobre elas mesmas. Ajude-as a ver a mudança como um meio de "se tornarem uma pessoa melhor" e use exemplos como o feijão, que se quebra para que uma nova planta brote ou o de uma lagarta ao se transformar numa borboleta.

Afirmação Sugerida

Recebo as mudanças em minha vida com alegria porque elas me ajudam a crescer.

31
A SEPARAÇÃO NÃO EXISTE

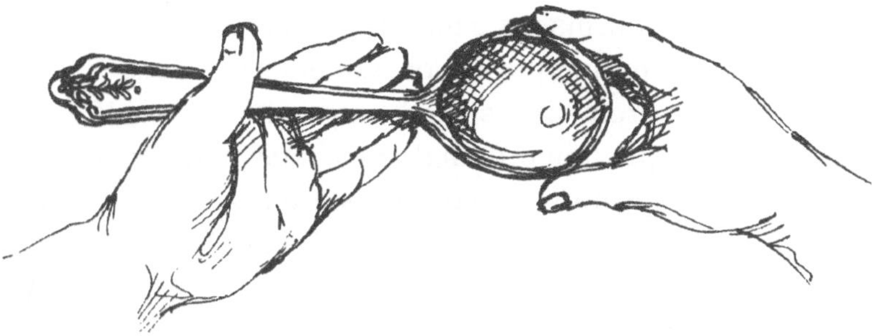

Material
Uma colher de chá de prata ou de aço inoxidável.

Lição
Compare a colher de chá com as pessoas e o metal usado para fabricá-la com o Espírito.

"Se retirássemos todo o metal desta colher, não haveria mais uma colher. Não existe uma maneira pela qual podemos separar o metal da colher e, ainda assim, continuarmos a ter uma colher.

"Agora, digamos que esta colher represente vocês e o metal que a compõe represente o Espírito. Não há como vocês poderem ser separados do Espírito, porque ele está em vocês assim como o metal está na colher. O Espírito é uma energia especial de amor, presente em todos e em tudo. Não há separação em relação ao Espírito."

Explique de acordo com o nível de compreensão das crianças:

"Os atributos do Espírito – amor, paz, ordem, sabedoria, compreensão e outros – se encontram no íntimo de todos nós. Podemos recorrer a esses poderes e ativá-los em nossa vida. Ainda que todos nós tenhamos essas qualidades, elas precisam ser reafirmadas e manifestadas." Use um exemplo específico, dependendo das necessidades das crianças. Para ilustrar, se tiverem necessidade de ordem na vida delas, lembre-as de que têm ordem dentro delas porque este é um atributo do Espírito e o Espírito está em seu interior. Elas podem se lembrar disso ao afirmar, "Tenho dentro de mim a ordem divina".

Sugira que adotem um pequeno jogo mental: todas as vezes que observarem uma colher de chá, lembrarão que o Espírito está presente nela assim como o metal está na colher.

Afirmação Sugerida

O Espírito ou Deus e eu somos uma coisa só.

32
NOSSA LIGAÇÃO COM O CRIADOR E COM TODAS AS PESSOAS

Material

Um cortador de maçãs. Se não tiver um, pode ser uma fotografia ou o desenho esquemático de uma roda de bicicleta (A maçã não é necessária).

Lição

O formato de roda, como ilustrado pelo cortador de maçãs, mostra a nossa ligação com os outros seres humanos e com o Criador.

"A peça central da roda [ou o centro do cortador de maçãs] representa o Criador. Nós somos os raios da roda. Quanto mais próximos estivermos do Criador, mais perto estaremos uns dos outros. Isso funciona ao inverso também, porque quanto mais nos aproximamos dos outros, mais próximos ficamos de Deus.

"Quando realmente sentimos afeição por alguém, somos amáveis, generosos e atenciosos. Expressamos qualidades espirituais. Quando sentimos raiva e hostilidade em relação a uma outra pessoa, nós nos afastamos de nossa consciência do Criador. Podemos ver [aponte para a margem externa do cortador] que quanto mais longe estamos uns dos outros, mais dificuldade temos para demonstrar os atributos de amor e bondade do Criador."

Peça exemplos de situações em que as pessoas se afastam umas das outras, como quando culpam, ofendem e enganam. "Por isso perdoar é um passo tão importante na harmonização dos nossos relacionamentos. Tais sentimentos nos separam dos outros e, portanto, do Criador, que é amor total e incondicional. Na verdade, muitos consideram que o único problema que existe é a separação.

"Quanto mais nos esforçamos para expressar qualidades que são espirituais, como paz, amor, harmonia e ordem, mais próximos nos sentimos das outras pessoas. Estas perceberão tais qualidades e irão querer se aproximar de nós. Juntos, nos aproximaremos da completa consciência espiritual." Estimule uma reflexão sobre maneiras pelas quais podemos expressar qualidades espirituais em nossa vida diária. Comece com um exemplo de sua própria vida.

Afirmação Sugerida

Quanto mais próximo estou das pessoas, mais próximo me sinto do Espírito dentro de mim.

33
VOCÊ NÃO PODE DAR AMOR SE NÃO TIVER AMOR

Materiais

Um injetor de temperos (utensílio de cozinha que injeta gordura e molho, semelhante a uma pipeta), usado na cozinha durante a preparação de carnes, com a finalidade de umedecê-las; uma tigela com água e uma tigela vazia. Opcional: Pingue corante alimentar vermelho na água para deixá-la rosada – uma cor que representa o amor.

Lição

"O injetor representa as pessoas – nosso coração e mente. A água representa o perfeito amor, que é aceitação incondicional e ausência de quaisquer emoções negativas. Para sermos preenchidos com perfeito amor, primeiro precisamos nos esvaziar de todos os sentimentos ou emoções que nos impedem de aceitar o amor. Não conseguimos aceitar inteiramente o amor quando nós achamos que não temos valor e não merecemos amor. Algumas das emoções que fazem com que nos sintamos indignos dele são culpa, raiva, ciúme e ressentimento. Estes sentimentos podem nos dominar e manter o perfeito amor fora de nossa consciência."

Discuta esses tipos de emoção e o conceito de baixa autoestima, de acordo com o nível de compreensão das crianças. Elas sabem o que as faz se sentirem indignas de amor em abundância. "Essas emoções estão no alto do injetor e este deve ser pressionado e esvaziado para que a água, ou puro amor, possa entrar." Fale sobre maneiras pelas quais elas poderiam mudar sentimentos de falta de merecimento, irritação, egoísmo e outras emoções que são o oposto do amor.

Faça com que as crianças simbolicamente expulsem a negatividade enquanto apertam o bulbo de borracha na ponta do injetor. Deixe que, uma de cada vez, elas mantenham o bulbo comprimido, enquanto você guia o injetor para dentro da vasilha de água (perfeito amor). Mostre-lhes que, ao soltarem o bulbo, o amor (água) enche o injetor. Permita às crianças experimentarem; assim, poderão constatar que, se a negatividade não tivesse sido posta para fora, o amor não pode entrar.

Se as crianças tiverem idade suficiente, aborde a próxima etapa da lição e ensine que podemos amar outras pessoas somente na medida em que nos amamos. É o amor por nós mesmos que pode nos motivar a limpar o bulbo da negatividade. A vasilha vazia representa todos os outros. Peça-lhes para partilharem o injetor cheio de amor com as outras pessoas, esvaziando-o na tigela. O que têm para partilhar depende do nível em que elas (o injetor) estão cheias de amor.

Afirmações são uma ótima maneira de substituir padrões de pensamento negativos por padrões positivos e de aumentar a autoestima. Ajude as crianças a criarem algumas afirmações que atendam às suas necessidades.

Afirmação Sugerida

Sinto muito amor por mim mesmo e pelas outras pessoas.

34
ESTEJA ATENTO À ORIENTAÇÃO INTERIOR

Materiais

Uma tigela grande com água e uma colher de pau (ou qualquer outra colher grande). Opcional: a fotografia de uma cena refletida na água. Ou, se possível, leve as crianças até um lago ou açude.

Lição

Inicialmente, comente que é possível olhar um lago ou poço de águas tranquilas e ver o reflexo de uma árvore que cresce em sua margem. Contudo, se a água estiver agitada ou cheia de ondas, nós perdemos a imagem. Incentive as crianças a se lembrar de uma cena como a discutida durante esta lição.

Faça de conta que a vasilha é o lago e a colher (mantida na vertical) é a árvore. À medida que você movimenta a água com os dedos, explique que se o vento estivesse soprando a água ou se as crianças estivessem chapinhando nela, nós não seríamos capazes de ver o reflexo da árvore. Esclareça, de acordo com o nível de compreensão delas: "Cada um de nós recebe uma orientação em nosso íntimo. Alguns o chamam de Instrutor Interno. Ele tenta falar conosco e nos guiar, porém, somente poderemos ouvi-lo se nossa mente estiver calma e quieta como um lago parado. A beleza da árvore não é vista na água agitada e a orientação não é ouvida por uma mente inquieta. A mente com excesso de preocupação se concentra em problemas. Entretanto, quando ela é aquietada, esses problemas normalmente recebem resposta. Uma mente silenciosa consegue superar a confusão e vislumbrar como resolver os problemas."

Sugira que as crianças pratiquem frequentemente o exercício de apaziguar a mente, de modo que possam ouvir a voz silenciosa e sutil do Espírito. Você poderia sugerir técnicas de meditação, como pensar numa palavra como paz ou amor, fixar o olhar num objeto ou produzir um som baixo e contínuo. Existem muitas outras técnicas.

No caso desta e de várias outras lições, a dramatização poderia intensificar o ensinamento. Uma criança poderia sussurrar uma mensagem, como "Telefone para casa imediatamente", enquanto outra criança, ocupada com pensamentos turbulentos (água agitada), não consegue ouvir a mensagem.

Afirmação Sugerida

Aquieto a minha mente e ouço a orientação que vem de meu íntimo.

35
O EQUILÍBRIO EM NOSSA VIDA

Materiais

Um frasco de vidro (a tampa é opcional) para o adulto e cada uma das crianças se houver apenas três ou quatro. Uma caixa ou vasilha cheia de pedras pequenas, médias e grandes. Se houver mais de três crianças, você poderá optar por demonstrar a lição usando o seu vidro.

Lição

O vidro representa o nosso dia – o tempo disponível em nosso dia. (Este conceito poderá ser adaptado para uma semana). As pedras ou seixos são as atividades com que queremos preencher o nosso dia. As pedras maiores simbolizam as atividades mais longas e importantes, como ir à escola.

Pergunte quais são algumas das coisas mais importantes que elas fazem durante o dia. Comece com você mesmo, e nomeie as pedras/seixos de acordo com cada atividade (por exemplo, ir trabalhar, ir ao supermercado, cozinhar, lavar a roupa, lavar a louça, atender ao telefone, etc.).

Agora, tente colocar as pedras no vidro. "Puxa! Não vão caber todas as pedras. O que podemos aprender com isso? Como seria possível adequar todas as nossas atividades ao dia? Parece que teremos que dar prioridade a algumas e realizar somente as mais importantes primeiro.

"Vocês concordam que precisamos executar as atividades mais importantes em primeiro lugar? [Espere pela resposta.] Isso significa que vamos colocar as nossas principais responsabilidades antes das outras – a escola para vocês e o trabalho para mim. Como este exige o maior tempo, teremos que usar a maior pedra. O que mais consome tempo? [Espere pelas respostas. Algumas sugestões feitas por você poderiam ser a ida e a vinda da escola ou do trabalho, o preparo das refeições, as próprias refeições, a lavagem da louça ou a limpeza da casa.]

"Agora o vidro está quase cheio e, por isso, precisamos ser cuidadosos com o que planejamos para o período de um dia porque poderemos ficar sem tempo para as coisas que, para nós, são as mais importantes."

Algumas lições, como esta, terão que ser repassadas com mais frequência.

Afirmação Sugerida

Em silêncio, ouço Deus em meu íntimo para saber o que é mais importante a cada dia.

36
PENSAMENTOS SÃO DÁDIVAS

Materiais

Uma pequena caixa embrulhada para presente e vários pedaços de papel não muito grandes.

Lição

Comece explicando que a caixa de presente não contém realmente um presente, mas simboliza as muitas dádivas que recebemos a cada dia.

"Para que alguma coisa se transforme num presente, tem que ser colocada numa caixa e amarrada com uma fita? Precisa ser algo comprado? Quais são os presentes que vocês gostam de receber e que não são comprados ou embrulhados? Ofereça ideias como um sorriso caloroso, um favor especial, um convite, um elogio ou agradecimento, a promessa de sermos levados a um lugar especial, alguém para ouvir quando temos um problema e orações ou pensamentos de afeto que nos são dirigidos.

"Vocês conseguem perceber que, a cada dia, recebem mais presentes do que imaginam? Quantas dádivas acham que recebem diariamente? Tenho uma grande surpresa para vocês. Na verdade, vocês recebem milhares de presentes todos os dias. Vocês podem não ter conhecimento consciente deles, mas outra parte de suas mentes sabe. Como isso é possível?

"Existe apenas uma Mente Única de cuja sabedoria todas as pessoas compartilham e nós fazemos parte dela. É por essa razão que dizemos que somos todos irmãos e irmãs. Como existe uma só Mente, a mente do Espírito, estamos realmente ligados em determinado nível com cada um dos seres humanos no planeta. Todos os dias, milhares de pessoas oferecem dádivas umas às outras, sendo que essas dádivas representam uma bênção para todos. Quanto maior o número de pensamentos e atos de alegria e felicidade houver no mundo, mais alegria iremos sentir devido à nossa ligação com todas as pessoas."

Desenvolva o tema da unidade dos seres humanos, de acordo com a capacidade de compreensão das crianças. Se houver tempo, inclua uma meditação, envolvendo um exercício de visualização de todas as pessoas no mundo alegremente oferecendo vários tipos de dádivas.

Talvez você queira expandir a lição com o seguinte: "Vocês, por sua vez, estarão oferecendo presentes a seus irmãos e irmãs ao redor do mundo quando fizerem novos amigos, ajudarem pessoas ou tiverem pensamentos afetuosos. Todas as vezes que vocês derem qualquer tipo de presente, estarão abençoando muitas outras pessoas." Peça às crianças para escreverem nos pedaços de papel "dádivas de pensamento" que elas gostariam de enviar. Coloque os papéis na caixa. Estes poderão ser relidos, ou novos papéis poderão ser acrescentados sempre que houver uma necessidade especial.

Afirmação Sugerida

Hoje me alegro por causa dos muitos presentes que dou e recebo.

37
NOSSOS ICEBERGS

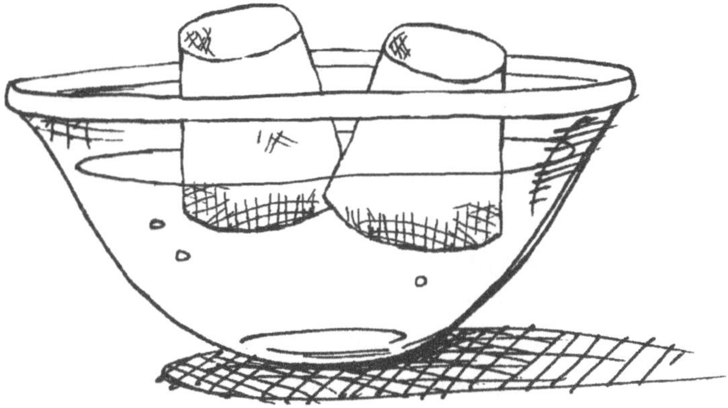

Materiais

Pequenos copos de papel ou plástico (para fazer icebergs em miniatura), uma tigela de vidro transparente larga e funda, cheia de água. Opcional: Adicione corante alimentar azul à água para torná-la mais opaca.

Lição

Antes da lição, confeccione duas ou três miniaturas de icebergs, enchendo pequenos copos de papel com água e levando-os ao congelador até a água se transformar em gelo. A seguir, passe água morna do lado de fora dos copos para que o gelo se solte ou você possa rasgar o copo. Coloque o gelo dentro da tigela transparente, cheia de água fria. Observe que a maior parte do gelo fica abaixo da superfície, não sendo muito visível. Explique que essa é a razão pela qual algumas vezes os navios batem em icebergs, sofrendo avarias.

Existe uma parte de nós que também não é visível para as outras pessoas. Os nossos icebergs são as emoções ocultas de cuja existência nós e os outros se esquecem até que nos defrontamos com elas. Nossos pais, colegas de escola, vizinhos e até mesmo bons amigos podem não perceber a parte submersa de nossas emoções. Estas são os medos e a raiva oculta de que nem sequer nos lembramos até que alguém os confronta. Nós também não conseguimos ver as partes invisíveis de nossos amigos, vizinhos ou colegas de escola. É por isso que não conseguimos criticá-los de maneira justa. Os índios norte-americanos têm um provérbio: "Você não pode julgar ninguém até que tenha caminhado um quilômetro e meio usando os sapatos dessa pessoa". Nós não conhecemos as batalhas que cada um está enfrentando.

Do mesmo modo, as nossas emoções negativas, como ódio, raiva e medo, podem ser tão perigosas para as pessoas quanto um iceberg no meio do oceano o é para um navio. Elas podem destruir nossa autoestima e ferir os nossos semelhantes.

Afirmação Sugerida

Não julgarei ninguém antes de ter caminhado com seus sapatos.

38

A MORTE E O CORPO

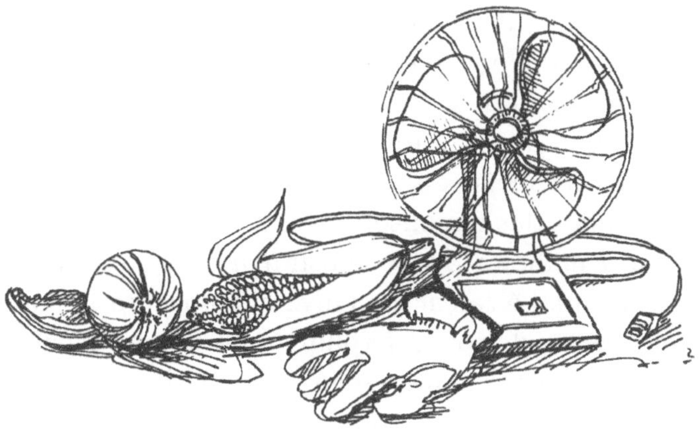

Materiais

Um ventilador elétrico (modelo de mesa), uma cebola, uma espiga de milho e uma luva.

Lição

Algumas crianças ficam confusas diante da morte, embora saibam intimamente que a pessoa que morreu não está realmente morta, mas, sim, totalmente viva em outra dimensão. Muitas crianças mais novas percebem essa dimensão, mas para aquelas que não conseguem vê-la, algumas analogias visuais podem ser úteis.

O abandono do corpo físico pode ser comparado com a retirada da camada externa de uma cebola ou da palha de uma espiga de milho. Incentive as crianças a debulharem o milho ou a descascarem a cebola, enquanto você comenta que a parte interna da cebola ou do milho pode ser comparada com o nosso corpo espiritual. "Quando olhamos com os olhos espirituais, aquilo que vemos parece tão real quanto os nossos corpos físicos."

Para ajudar as crianças a compreenderem melhor por que não conseguimos ver o corpo espiritual, mostre-lhes o ventilador. Esclareça que elas podem ver as hélices quando este está desligado ou em movimento lento; quando, entretanto o ventilador está funcionando em grande velocidade as hélices são invisíveis. Compare isso como as vibrações mais elevadas das dimensões espirituais.

Outra maneira de demonstrar a relação corpo físico/ corpo espiritual é calçar uma luva e depois tirá-la para simbolizar a morte do corpo. Explique que somos revestidos de matéria física assim como a mão está coberta pela luva. Você poderia criar uma cena com um fantoche, na qual a mão derruba o corpo (o fantoche), porém continua completamente viva e prossegue com a conversa.

Afirmação Sugerida

Sou muito mais do que este corpo.

PLENA FLORAÇÃO

PARA O ESTUDANTE EXPERIENTE

39

SOMENTE OS NOSSOS PENSAMENTOS NOS FEREM

Materiais

Três pequenas caixas, aproximadamente do mesmo tamanho, lápis e papel cortado em pequenos pedaços para cada criança. Cole um fragmento de papel com a palavra *Experiência* na lateral de uma das caixas, a palavra *Infelicidade* num lado e *Felicidade* no lado oposto de outra caixa, e as palavras *Nossos Pensamentos* na terceira caixa. Disponha as caixas como indicado na ilustração.

Lição

Comece pedindo às crianças para pensarem num sentimento de infelicidade que tiveram recentemente, como raiva, tristeza, ciúme ou ressentimento. Se forem suficientemente grandes, faça-as escreverem a palavra que melhor expresse seu sentimento de infelicidade num pedaço de papel, colocando-o na caixa rotulada de *Infelicidade*.

A seguir, peça-lhes para escreverem em outra papeleta a experiência ou situação que causou o mal-estar. Estimule afirmações concisas, como "Meu amigo foi convidado para a festa e eu não", "Caí da bicicleta", "Papai não me deixou assistir ao meu programa favorito", "Perdi meu gato" ou "Minha irmã rabiscou a minha lição de casa". Coloque essas papeletas na caixa em que está escrito *Experiência*.

Agora, chame a atenção para o fato de haver entre as duas caixas das extremidades, uma caixa com as palavras *Nossos Pensamentos*. Se as crianças puderem compreender, faça perguntas sobre o que elas acham que deve sempre se interpor entre uma experiência e a infelicidade.

Explique com suas próprias palavras que a experiência nunca cria infelicidade. "Esta é causada por nossos pensamentos a respeito da experiência. Outra pessoa poderá ter a mesma experiência e não sentir angústia, raiva ou tristeza. Temos a possibilidade de nos sentir mal ou bem, dependendo dos pensamentos que elegermos cultivar. Assim, com a ajuda do nosso Instrutor Interno podemos aprender a escolher pensamentos que trazem felicidade. [Vire a terceira caixa para o lado que tem a palavra *Felicidade* escrita.] Podemos vivenciar aquilo que realmente queremos, felicidade ou infelicidade, quando aprendemos a escolher os nossos pensamentos. Nosso Instrutor Interno poderá nos ajudar se nos recolhermos silenciosamente em nosso íntimo e pedirmos".

Algumas crianças poderão partilhar suas experiências difíceis. Reúna essas crianças para uma reflexão em grupo sobre como um diferente modo de pensar poderia diminuir o sofrimento. Se não houver voluntários, dê exemplos que correspondam ao nível de sua capacidade de compreender.

Lembre-as de que sempre há alguém em algum lugar que não iria considerar a experiência ou situação como uma razão para ficar infeliz. Nossos pensamentos criam a nossa felicidade. Existem muitas histórias de pessoas em campos de concentração, durante a guerra, ou em outros lugares semelhantes que descobriram esse princípio.

Uma meditação orientada poderá ser uma maneira adequada de terminar a lição. Faça com que as crianças peçam ajuda espiritual para conseguirem ver uma experiência ou problema em particular sob outro prisma. Dê tempo suficiente para que ouçam a resposta que vem de seu interior.

Afirmação Sugerida

Mergulho dentro de mim e reconheço o bem em cada experiência.

40
MEUS PENSAMENTOS SE UNEM A TODOS OS OUTROS

Materiais

Uma peneira, uma tigela grande, uma colher e um pouco de farinha e de canela (ou chá instantâneo).

Lição

A tigela simboliza o mundo do pensamento – a atmosfera dos pensamentos de todas as pessoas – que nos cerca; a peneira representa a mente de cada uma das pessoas, e a farinha e a canela, os nossos pensamentos.

Peça que uma das crianças enuncie um pensamento de felicidade ou de afeto; depois, lhe diga para colocar uma colher de farinha (que irá simbolizar aquele pensamento) na peneira. Sacuda a peneira (a criança poderá gostar de fazer isso) e observe como o pensamento de felicidade "deixa a mente e se dissemina pelo mundo do pensamento – pela mente universal". Explique que todas as mentes estão unidas na atmosfera dos pensamentos e, por isso, não estamos sozinhos ao experimentar os efeitos dos nossos pensamentos. Todos se sentem um pouco mais felizes devido ao pensamento de alegria que emitimos.

"Vamos ver o que aconteceria se um de vocês permitisse a entrada de um pensamento de infelicidade ou de medo em sua mente." Convide uma outra criança para partilhar um pensamento desse tipo, enquanto ela despeja uma colher de canela na peneira e a agita. "Quando o pensamento se mistura à mente universal, veja como ele permeia a atmosfera dos pensamentos tão efetivamente quanto o pensamento de felicidade. Você acha que algumas pessoas poderiam escolher ficar um pouco mais infelizes por causa desse pensamento?"

Se as crianças tiverem idade suficiente, comente que, pelo fato de as mentes estarem unidas, nós algumas vezes nos sintonizamos com os pensamentos de outras pessoas e estas se sintonizam com os nossos. As crianças poderão se lembrar de exemplos de quando elas souberam com antecedência o que alguém ia dizer ou fazer, ou de quando outros entraram em sintonia com o que elas estavam pensando.

Você poderia ampliar o diálogo e incluir a "consciência de massa" (conceitos aceitos pela maior parte da humanidade e que limitam a realização espiritual), explicando que essa pode nos afetar mesmo que não estejamos conscientes dela. Exemplos de pensamentos de massa poderiam ser oferecidos, enquanto colheres de farinha ou de canela são colocadas na peneira. Televisão, rádio e jornais são, muitas vezes, fontes de pensamentos de grupo. Aqui estão alguns exemplos perpetuados pela televisão:

- Coisas materiais irão nos trazer felicidade.
- As mulheres são incompetentes e inferiores aos homens.
- A violência é algo trivial.
- Tomar bebidas alcoólicas é divertido.
- Adultos são idiotas.
- O dinheiro soluciona todos os problemas.
- As autoridades são nossos inimigos.
- A vingança é doce.
- O trabalho é um fardo.

Certifique-se de falar a respeito da possibilidade que temos de escolher as nossas experiências. Não precisamos ser vítimas do pensamento coletivo. O fato de todos afirmarem que é época de gripe não significa que temos que ficar gripados.

Afirmação Sugerida

Meus pensamentos afetam o mundo todo.

41
MEU MUNDO REFLETE AQUILO QUE CRIO

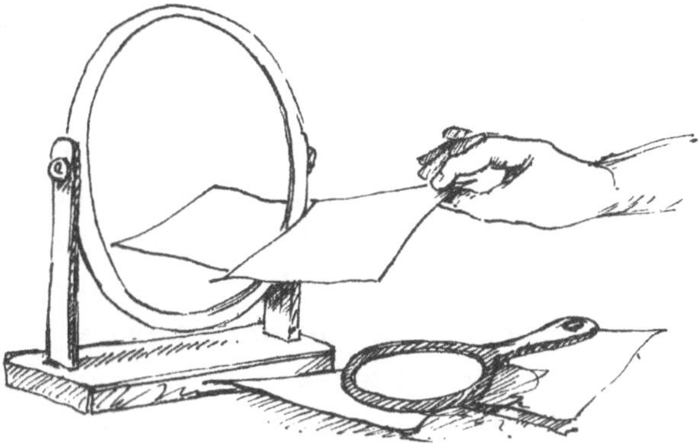

Materiais

Um pequeno espelho de mesa, um espelho portátil ou de bolsa para cada criança (opcional), um marcador de texto com ponta de feltro lavável, um copo, um pedaço de papel de cor escura e um de cor clara (opcional: um por criança), uma colher de chá ou um objeto de dimensões semelhantes e um clipe de papel.

Lição

Peça às crianças para brincarem com o espelho e observarem que ele reflete qualquer objeto para o qual é direcionado. Mostre que ele expõe com precisão o que é refletido nele. "Existe uma lei espiritual – a lei do reflexo – que funciona da mesma maneira e faz exatamente o que o espelho faz. O espelho representa o nosso mundo. O mundo capta e reflete para nós os nossos estados mentais, que são nosso humor e nossos pensamentos. Poderíamos dizer que vivemos num mundo de espelhos; tudo o que vemos somos nós mesmos. Esse 'nós' que em geral observamos é aquilo em que concentramos grande quantidade de energia e discernimento. Tudo o que é foco de nosso interesse se amplia em nossa vida.

"O espelho do nosso mundo é chamado de 'efeito' e os nossos estados mentais são chamados de 'causa daquele efeito'." Com o marcador, escreva *Efeito* no espelho. Direcione o espelho para uma colher, de maneira que as crianças vejam duas colheres. "Qual das colheres é real – a que está em cima da mesa ou a do espelho? Assim como a colher que aparece no espelho é apenas um reflexo, a totalidade da vida é simplesmente um reflexo daquilo que é colocado na frente dela, um reflexo de nossa consciência.

"Se a nossa mente estiver plena de amor, paz e abundância, o espelho da vida irá refletir esses conceitos em nosso mundo. Se a nossa mente estiver cheia de temor, dúvida ou raiva, o espelho da vida também irá refletir esses conceitos em nosso mundo. Uma pessoa dominada pela ira ou uma situação ameaçadora poderia aparecer em nossa vida. Se sentirmos pena de nós mesmos, o espelho – a vida – irá refletir experiências que nos farão lamentar ainda mais.

"A qualquer momento podemos afastar uma velha imagem de pensamento e colocar uma nova imagem na frente dos nossos espelhos, que servirá para nos trazer mais felicidade." Ponha o papel de cor escura diante do espelho para indicar um pensamento negativo. Depois, retire-o e o substitua pelo papel de cor clara para indicar um pensamento positivo. Peça às crianças para sugerirem alguns pensamentos e sentimentos que o papel de cor clara poderia representar.

Mostre o que aconteceria se afastássemos apenas parcialmente os pensamentos de infelicidade e formássemos pensamentos de felicidade apenas pela metade. Reflita no espelho metade do papel escuro e metade do papel claro. Explique que nossas experiências de vida iriam constituir, da mesma maneira, uma combinação do positivo e do negativo.

Outra ideia para ilustrar, usando-se o espelho, é a de que ele pode refletir imagens grandes tão facilmente quanto imagens pequenas. Coloque um pequeno item, como um clipe de papel, na frente do espelho e, em seguida, um item maior, como um copo. Aplique essa ideia, da maneira que lhe parecer adequada, a áreas nas quais as crianças poderiam precisar ampliar seus pensamentos e parar de se limitarem. "O espelho, ou nosso mundo, é capaz de reproduzir grandes sonhos e objetivos tão facilmente quanto pequenos sonhos, porque ele simplesmente reflete a nossa consciência. Ele nos mostra onde estamos naquele momento. Se não pensarmos em coisas grandes não podemos esperar que coisas grandes se realizem para nós." Estimule as crianças a cultivarem seus maiores pensamentos e depois a pensarem de uma maneira um pouco maior.

Termine a lição ajudando as crianças a compreenderem que todos nós precisamos colocar em nossa mente somente os melhores pensamentos, os mais amáveis e ilimitados porque eles voltarão para nós. Afirmações podem nos ajudar a conseguir isso.

Afirmação Sugerida

Procuro o bem em todas as coisas e o melhor em todas as pessoas.

42
ABSORVEMOS O AMBIENTE EM QUE VIVEMOS

Esta lição pode ser dividida em duas partes, cada uma com possibilidade de ser ampliada.

Materiais

Parte 1: Fotografias recortadas de revistas, calendários, jornais, etc., que mostram vários conceitos, tanto negativos quanto positivos, tais como uma bonita paisagem, pessoas contentes, alimentos nutritivos, cenas de guerra, acidentes e pessoas bebendo e fumando.

Parte 2: Duas vasilhas, uma com água escura e suja e outra com água limpa e clara, além de duas esponjas que caibam nas vasilhas.

Lição

Parte 1: Espalhe as fotografias, de modo que as crianças possam vê-las facilmente. "Há uma lei da vida segundo a qual quando olhamos uma fotografia de alguma coisa, entramos em contato com o espírito daquela coisa. Se olharmos uma fotografia com frequência, absorveremos algumas das qualidades que ela contém."

Mostre, uma de cada vez, as fotografias positivas, benéficas, e peça às crianças para mencionarem algumas das qualidades que elas gostariam de absorver ou vivenciar. Depois, apresente as fotografias negativas e fale a respeito das qualidades que elas contêm e que seria prejudicial assimilar.

Desenvolva o diálogo, incluindo todas as imagens que as crianças observam repetidamente: imagens de televisão, filmes, fotografias dentro de casa e na escola, revistas, cartazes, anúncios em ônibus e assim por diante. Discuta o efeito que essas imagens teriam se fossem vistas regularmente, e suas qualidades absorvidas. Explique que elas fazem parte do ambiente das crianças, de seu mundo físico.

Parte 2: Aponte para as duas vasilhas de água e explique que uma representa um ambiente com influências negativas e a outra, um ambiente positivo e capaz de nos elevar. A seguir, coloque uma esponja em cada vasilha. "A esponja é como uma pessoa. Observem como ela absorve seu próprio ambiente. Tendemos a assimilar grande parte do que ocorre à nossa volta; por isso, aqueles que se preocupam conosco querem nos afastar de certos lugares, do contato com certas pessoas ou evitar que assistamos a determinados programas e filmes pela televisão.

"Uma esponja encharcada de água suja, ou de influências negativas, não terá espaço para a água pura e limpa, ou para influências positivas. Parte da água suja terá que ser eliminada, permitindo a absorção da nova água [Demonstre.] O mesmo ocorre conosco.

"Por exemplo, se tivermos amigos que nos incentivam a fazer coisas que sabemos não serem corretas, talvez tenhamos que afastá-los de nossa vida para que eles deem lugar a amizades mais benéficas. Ou se passamos algum tempo assistindo a programas de televisão sem as qualidades que realmente queremos em nossa vida, precisamos eliminá-los para que tenhamos mais tempo de absorver qualidades ou ideias que desejamos." Escolha exemplos com os quais as crianças possam se identificar, enquanto enfatiza estes dois pontos: primeiro, tendemos a assimilar as qualidades que prevalecem em nosso ambiente; segundo, o negativo geralmente tem que ser eliminado para dar lugar ao positivo.

Uma meditação orientada poderá ser proposta, durante a qual as crianças possam compreender o que será benéfico acrescentar ou eliminar do meio em que vivem.

Afirmação Sugerida

Liberto o que não é bom para mim e escolho um ambiente positivo e enriquecedor.

43
TENHA TEMPO PARA RELAXAR

Materiais

Um elástico de tamanho médio, um elástico colorido para cada criança, uma caixa ou um livro, ao redor do qual o elástico ficará esticado até o limite, e um pequeno bloco de papel.

Lição

Estique o elástico para mostrar o limite de sua elasticidade e, em seguida, coloque-o ao redor da grande caixa ou livro. "Os elásticos são feitos para ser distendidos, adaptando-se a itens maiores que eles, e para segurar coisas. Contudo, o que poderia acontecer se o elástico fosse esticado por um tempo muito longo? Se este for mantido sob tensão, permanecendo no limite de sua elasticidade, irá se deteriorar rapidamente e se romper. Precisamos permitir que ele retorne ao seu estado natural [remova o elástico da caixa] para que dure por muito tempo.

"As pessoas são bastante semelhantes aos elásticos. Elas também precisam relaxar ou não irão funcionar tão bem quanto foram criadas para funcionar. Alguns afirmam que, quando a situação fica apertada, alguma coisa tem que ceder. Quando as pessoas estão tensas ou sob pressão, duas áreas que em geral sucumbem são a saúde e os relacionamentos." Talvez você tenha outros exemplos, como a escola ou as aulas de piano.

Alguém afirmou um dia que a verdadeira maturidade não é tanto crescer fisicamente, mas, sim, crescer por dentro. Explique às crianças que elas têm um Instrutor Interno, pronto para ajudá-las em seus desafios, se elas reservarem algum tempo todos os dias para relaxar e ouvir a voz interior.

Demonstre com o bloco de papel que, quanto mais puxarmos o elástico para trás, mais longe ele irá lançar alguma coisa para a frente. As crianças deverão ser lembradas de que, do mesmo modo, quanto mais profundamente mergulharmos em nosso mundo interior, mais eficaz será a nossa atuação no mundo externo. Em silêncio, nós nos voltamos para o conhecimento de nossa verdadeira identidade. Grandes obras requerem muito tempo de silêncio. Gandhi "sentava-se em silêncio" um dia inteiro todas as semanas.

Discuta o melhor momento do dia para as crianças ficarem sozinhas e relaxarem com os olhos fechados, concentrando-se em seu íntimo. Em geral, esse período de tempo deveria ser de um minuto para cada ano de idade.

Dê a cada uma das crianças um elástico colorido, como um lembrete para o silêncio diário.

Esta lição pode ser especialmente útil para crianças hiperativas. Ela também serve para ajudar as crianças a compreenderem melhor por que os adultos precisam de seu próprio período de silêncio.

Você poderia dedicar alguns minutos a um exercício de relaxamento. O mais simples é fazer as crianças fecharem os olhos, respirarem profundamente três ou quatro vezes e, a seguir, pensarem sobre uma experiência que lhes trouxe alegria. Outra técnica simples, mas efetiva, é pedir para elas se colocarem numa posição confortável, fecharem os olhos e se concentrarem na própria respiração, enquanto respiram pelo nariz. Vários livros, contendo exercícios de sintonização e meditação para crianças, estão disponíveis no mercado.

Afirmação Sugerida

Reservo algum tempo, todos os dias, para relaxar e ouvir a voz interior.

44
ESCOLHA SEUS PENSAMENTOS

Materiais

Vários itens típicos de cozinha, que representam escolhas. Aqui estão alguns exemplos:

- Dois pacotes ou latas de sopa
- Duas panelas de tamanhos diferentes e um pacote de arroz
- Uma caixa de pó para pudim e uma de gelatina
- Dois folhetos de supermercado com oferta de produtos
- Duas ou três receitas semelhantes

Lição

"Esses itens representam algumas das constantes escolhas que faço na cozinha: qual a melhor receita, que sopa preparar para o jantar, que tamanho de panela usar para que o pacote de arroz caiba nela, que marca ou tipo de item corresponderia à melhor compra e assim por diante." Demonstre a maneira pela qual você faz algumas escolhas corretas, talvez indicando a panela que comporta a quantidade de arroz desejada.

"No decorrer do dia, fazemos escolhas continuamente, embora possamos não estar conscientes disso. Constantemente, escolhemos pensamentos e sentimentos. Nós nos expandimos exteriormente com pensamentos afetuosos ou nos retraímos com medo, porque amor e medo são as duas emoções básicas das quais todas as outras derivam. Os primeiros nos trazem alegria; os outros, dor. Durante todo o dia temos a oportunidade de escolher os pensamentos que podem nos ferir ou nos ajudar. Porém, quando sentimos raiva, mágoa, ciúme, irritação ou autocomiseração, seria útil nos lembrarmos de que, subjacente a esses sentimentos, medo é realmente o que sentimos.

"A lei da atração afirma que atraímos aquilo sobre o que pensamos; por isso, temos que nos certificar de que escolhemos pensamentos amorosos, não de temor. Pensamentos afetuosos curam e ajudam; sem dúvida, eles produzem mais alegria em nossa vida."

Se as crianças tiverem idade suficiente, ensine que o medo pode se manifestar em nossa vida se tivermos a falsa crença num poder que não seja Deus. Como existe um só poder, Deus, não há nada a temer.

O dia todo nós, adultos, precisamos continuar nos perguntando se estamos agindo movidos pelo amor ou pelo medo. Lembre-se de que ensinamos aquilo que somos, ou um exemplo fala mais do que mil palavras.

Afirmação Sugerida

Deixo de lado o medo e escolho somente pensamentos amorosos.

45
A IMPORTÂNCIA DO "NOSSO PRÓPRIO CLIMA"

Materiais

Dois vasos de ipomeia (*Convolvulácea*) em flor e uma grande caixa. Procure um local escuro, por exemplo, a caixa mencionada ou um armário no quarto, e um lugar ensolarado, como uma janela ou sob uma lâmpada.

Lição

Mantenha as duas plantas no quarto escuro durante 30 minutos. "Observem que as flores estão fechadas." Agora, coloque-as sob a luz ou no parapeito de uma janela banhada pelo sol por 30 minutos. "Observem como as flores estão se abrindo. Quando estamos sob tensão, isolados do mundo exterior, com a consciência diminuída, nossa vida se contrai. Quando estamos abertos, recebemos cuidados e procuramos o melhor, crescemos física, emocional e espiritualmente."

Afirmação Sugerida

Meu espírito se abre para a luz do Criador, assim como as flores se abrem para o Sol.

46
AS COISAS TOMAM FORMA DE ACORDO COM OS NOSSOS PENSAMENTOS

Materiais

Sugiro argila de padeiro (a receita se encontra abaixo), mas você poderá usar massa de pão, massa de biscoitos, massinha de modelar ou argila natural.

Receita de argila de padeiro:
4 xícaras de farinha
1 xícara de sal
1 xícara e meia de água

Misture os ingredientes e amasse com as mãos durante cerca de cinco minutos. Dê a cada criança um pedaço da massa no tamanho de uma laranja grande. Esta massa não comestível é usada frequentemente para fazer enfeites de árvore de Natal, bijuterias e estatuetas. Os objetos obtidos com a massa podem ser secados à temperatura ambiente ou assados numa assadeira de biscoitos, com o forno a 350 graus, por 40 a 60 minutos. Eles estarão prontos quando estiverem dourados ou quando um palito de dentes, espetado na parte mais grossa, sair limpo, mostrando que a massa endureceu.

Lição

Deixe que as crianças brinquem com a massa durante alguns instantes, sugerindo depois que essa massa poderia simbolizar a substância invisível, ou energia, da qual todas as coisas são feitas.

Uma vez que os pensamentos moldam a substância, criando formas, sugira que elas pensem nas próprias mãos como se estas fossem pensamentos. Você poderá até mesmo escrever *Pensamentos* nas mãos das crianças com um marcador de ponta de feltro lavável. Peça-lhes para apertarem, furarem e esticarem a massa, enquanto pensam, *Os meus pensamentos estão moldando esta substância*. Diga às crianças que é desta maneira que os pensamentos se tornam coisas: quando as pessoas pensam sobre elas.

Se você estiver trabalhando com crianças maiores, poderia desenvolver a lição e explicar que são os pensamentos, reforçados pelos sentimentos, que se transformam em coisas. "Pensamentos indolentes têm pouco poder; porém, quando um sentimento é vinculado a um pensamento, nós temos emoção. A energia emocional é necessária para a manifestação dos pensamentos numa realidade visível, física. A substância invisível é imensamente sensível aos nossos pensamentos e sentimentos, sendo facilmente moldada por eles."

A seguir, faça com que as crianças trabalhem a massa, criando objetos que serão usados como lembretes da lição.

"Que pensamentos vocês querem moldar, dando-lhes forma?" Algumas vezes as coisas a que desejamos dar forma não são fáceis de ser criadas com as nossas mãos e, por isso, utilizamos símbolos. "O que poderíamos fazer para simbolizar alegria, paz ou amor?"

Se as crianças escolherem fazer enfeites para pendurar, coloque um clipe de papel no alto do objeto antes de secar ou colocar o enfeite no forno. Os objetos, depois de prontos, poderão ser deixados ao natural ou decorados com canetas com ponta de feltro, verniz, aquarela, corante alimentar ou uma mistura em partes iguais de têmpera e cola branca.

Afirmação Sugerida

Vigio os meus pensamentos porque pensamentos combinados com sentimentos se transformam em coisas.

47
EXISTE UMA DÁDIVA EM TODOS OS PROBLEMAS

Materiais

Várias folhas de papel de rascunho e um lápis, um pequeno cesto de lixo, cheio até a metade de jornal amassado, e uma minúscula caixa de presente, atada com um laço de fita, e colocada sob o jornal. Dentro da caixinha de presente, coloque papeletas contendo mensagens que correspondam ao nível de compreensão das crianças. Abaixo, encontram-se algumas sugestões:

- Meus problemas me ajudam a crescer.
- Problemas são amigos porque eles me ajudam a me tornar forte.

- Há uma lição neste desafio; as lições só se apresentam em nossa vida quando estamos prontos para aprender com elas.
- Alguma coisa boa virá desse problema.
- Dentro de cada desvantagem existe uma vantagem. Procuro encontrá-la agora.
- Meus problemas são oportunidades de aprender.
- Há uma solução para cada problema.
- Qual é a bênção proporcionada por essa experiência?
- A derrota pode levar à vitória.
- Problemas são orientações, não sinais para parar.
- Os problemas tornam a vida mais interessante.

Lição

Peça às crianças para mencionarem alguns problemas existentes na vida delas no presente. Sugira a inclusão de ansiedades a respeito de problemas futuros que possam trazer preocupação, entre eles problemas locais, nacionais e internacionais. À medida que forem sendo expressos, escreva-os em pedaços de papel de rascunho e convide as crianças a amassá-los e a jogá-los no cesto de papéis. (Crianças com mais idade poderão, elas mesmas, anotar os problemas.)

Depois que todos os problemas estiverem no lixo, explique que sempre existe uma dádiva oculta em qualquer problema ou infortúnio, mas nós precisamos procurá-la. Passe o cesto de papéis para uma das crianças e lhe peça para procurar entre os problemas o presente escondido.

Faça com que a criança abra a caixa de presente; juntos, leiam as papeletas que estão dentro. Incentive a discussão desses conceitos e esteja preparado para ilustrá-los com alguns exemplos tirados de sua própria experiência.

Sugira que, quando encontrarem a dádiva oculta num problema, será útil dar um outro nome para esse problema.

Chame os problemas de "desafios", "oportunidades de aprender" ou "bênçãos de crescimento".

As crianças talvez queiram manter caixas de presente semelhantes no quarto delas para se lembrarem desta lição.

Afirmação Sugerida

O bem existe em qualquer situação (Você poderá preferir usar uma das afirmações constantes da lista de dádivas no início da lição.)

48
VOCÊ ESTÁ ANDANDO EM CÍRCULOS?

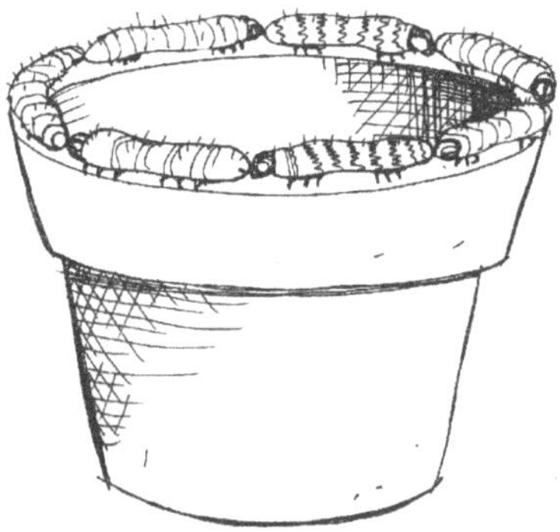

Materiais

Um vaso de cerâmica e porções de massinha de modelar (usadas para representar as lagartas).

Lição

Em nossa Jornada da Vida precisamos receber bem as mudanças e as oportunidades ou correremos o risco de nos tornar semelhantes às lagartas estudadas por Jean Henri Fabre, o grande naturalista francês. Essas lagartas alimentam-se de agulhas de pinheiro, movendo-se pelas árvores numa longa procissão; uma das lagartas lidera o grupo e as outras a seguem com a cabeça firmemente ligada à outra extremidade de suas predecessoras.

Fabre realizou experiências com as lagartas e as colocou na borda de um grande vaso de jardim. Ele colocou a primeira em contato com a última e esses animais começaram a andar ininterruptamente em círculos. Devido à simples força do hábito o círculo rastejante continuou a se mover ao redor do vaso durante sete dias e noites. Havia alimento à vista, próximo às lagartas, porém estas prosseguiram no caminho conhecido até que Fabre o interrompesse.

"Em que aspecto de suas vidas vocês seguem os hábitos ou costumes de outras pessoas cegamente?" Discuta. "Vocês estão confundindo atividade com realização?"

Afirmação Sugerida

Tenho consciência das vezes em que confundo atividade com realização.

49
ELEVE-SE ACIMA DO PROBLEMA

Materiais

Linha ou barbante. Se você for apenas demonstrar, prepare oito segmentos, cada um com cerca de 60 a 90 cm. Se houver participação das crianças, providencie fios de comprimentos semelhantes para cada uma delas. Projeto de móbile opcional: papel encerado, cola para mergulhar os fios e dois cabides de arame por criança.

Lição

Dizem que não deveríamos tentar resolver um problema no mesmo nível desse problema. Temos que nos elevar acima dele e encará-lo como o Criador o faz, isto é, simplesmente não ver ali nenhum problema. As nossas dificuldades são solucionadas mais facilmente de uma perspectiva espiritual e não pelo poder mental.

Comece com um dos fios, dando nós em toda a sua extensão e emaranhando-o tão completamente que seria extremamente difícil desembaraçá-lo. Se as crianças estiverem participando, peça-lhes para fazer o mesmo com um de seus próprios fios.

"Essa desordem representa os nossos problemas humanos, as confusões nas quais algumas vezes nos envolvemos. Em nossa mente, poderíamos lutar com esses problemas e tentar desemaranhá-los, porém normalmente uma abordagem mental consome tempo, é frustrante, difícil e não muito eficaz. Com que facilidade vocês acham que conseguiriam desembaraçar e desfazer os nós de seu fio? Esse processo se assemelharia à tentativa de resolver um problema sem nenhuma ajuda. Vocês poderiam esquecer um nó aqui e ali e, portanto, chegar a uma solução que não corresponderia à melhor possível.

"Entretanto, se vocês entregarem o problema a um poder superior, ele será solucionado da maneira mais correta. O Criador se encontra acima das dificuldades e não se deixa confundir por elas. Na verdade, o Criador não vê os nossos problemas, vê somente a nossa perfeição.

"Digamos que esse emaranhado simbolize um problema de relacionamento. Não é fácil conviver com alguns colegas de classe. Eles sempre fazem vocês passarem por maus momentos. Contudo, onde vocês percebem desarmonia, o Criador percebe somente harmonia."

Pegue outro fio e crie um desenho harmonioso. Incentive as crianças a fazerem o mesmo se elas estiverem participando.

"Esta é a maneira pela qual Deus veria esse relacionamento. Se vocês puderem aprender a ver como o Criador vê, todos os seus relacionamentos se revelarão cheios de afeto e harmoniosos, e vocês não terão que enfrentar uma situação confusa na vida, como o fio cheio de nós. [Jogue o fio com os nós para o lado.]

"Agora vamos compor outro problema difícil. [Dê nós e embarace outro fio.] Este é um problema de saúde pelo qual nós ou alguém que conhecemos está passando. Entretanto, devemos lembrar que o Criador nos vê como seres íntegros e saudáveis. [Dê forma a um outro fio e peça às crianças para fazerem o mesmo.] Quanto mais pudermos nos elevar acima da ideia da doença e nos ver e aos outros como o Criador nos vê, mais saudáveis seremos.

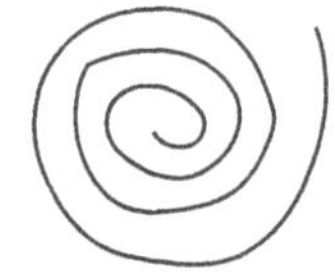

"Vamos supor que estejamos experimentando desordem e confusão em nossas vidas. [Emaranhe outro fio.] Se nos colocássemos acima do problema e o encarássemos de um ponto de vista espiritual, veríamos que somente a ordem divina existe. [Crie uma forma agradável, bem proporcionada.] Quando escolhemos visualizar a perfeita ordem, nós a atraímos para a nossa realidade.

"Talvez estejamos nos considerando muito limitados em nossas habilidades e nos achamos incapazes de fazer as coisas tão bem quanto as outras pessoas conseguem fazer. Novamente, temos que nos colocar muito acima do problema causado por nós mesmos e nos ver como o Criador nos vê: dotados de uma capacidade ilimitada devido ao Espírito dentro de nós. [Mais uma vez crie com outro fio uma forma ordenada.]

"Quando tiverem um problema, em vez de usar o esforço humano, peçam ao Espírito para encontrar a solução perfeita. O universo sempre organiza as coisas da maneira que é melhor para vocês e para os outros também. Vocês poderão ter resultados surpreendentes, muito além da-

queles que suas mentes humanas podem imaginar ou obter, porém vocês devem pedir com sinceridade.

"Depois de ter pedido, vocês deverão passar algum tempo ouvindo o Espírito em seu íntimo, para saberem qual a parte que lhes cabe na solução do problema. Vocês deverão prosseguir, baseados na orientação ou impressão que obtiverem. O Espírito atua através de nós. Oração somada à ação é a fórmula."

Para as crianças se lembrarem desta lição seria útil construir alguns móbiles. Os fios podem ser mergulhados em cola e trabalhados sobre papel encerado. Componha algumas formas confusas e emaranhadas para representar problemas e faça outros desenhos como símbolo da maneira como o Criador nos vê: saudáveis, ordeiros, harmoniosos, talentosos e assim por diante. Após as formas terem secado durante uma noite, remova-as do papel encerado e pendure-as pelos fios em cabides ou arames dobrados para formar móbiles.

Afirmação Sugerida

Entrego os meus problemas ao Criador e faço o que sou orientado a fazer.

50
COMO USAR A NOSSA ENERGIA DIÁRIA

Materiais

Uma jarra de vidro com cerca de meio litro de capacidade, bolinhas de gude suficientemente grandes para encher a jarra, um copo com água de cor lamacenta e uma lanterna. Se você não tiver bolinhas de gude, tente nozes com casca ou pedras de tamanho adequado. Opcional: um *timer* de cozinha.

Lição

"A jarra representa o corpo – seu próprio ou o de qualquer outra pessoa. Em nosso corpo há muitos átomos. As bolinhas de gude desempenham o papel dos átomos que compõem as células do nosso corpo. Eles estão bastante longe uns dos outros em nosso corpo, mas, devido ao seu constante movimento, fazem com que os corpos pareçam sólidos. Entretanto, há na realidade muito espaço vazio em nosso corpo e em todos os objetos, tais como mesas e cadeiras." Aponte para a mesa, cadeiras e outros objetos e comente o fato de haver um espaço vazio neles.

A seguir, pegue a lanterna e faça o facho de luz incidir sobre a jarra (o corpo). "A luz simboliza a quantidade de energia recebida do Universo todos os dias. Nós fazemos escolhas constantemente, a cada minuto, com respeito ao modo como usar essa energia. Sempre que temos pensamentos tristes, em que o afeto está ausente, a energia é colorida ou qualificada por esses pensamentos.

"Quando pensamos como o Espírito quer que pensemos – positivamente, construtivamente, sem nos impor limites – a nossa energia é permeada pelos sentimentos correspondentes. Essa energia se exterioriza, sendo usada para o bem.

"Contudo, o que ocorre com a energia negativa? A negatividade a torna escura e opressiva. Digamos que este copo com água de cor lamacenta seja a luz ou energia que foi mal utilizada. Talvez a tenhamos usado para expressar raiva, julgamentos, críticas, ciúme, ou com preocupação, autocomiseração ou egoísmo." Peça exemplos para as crianças de maneiras pelas quais elas usaram incorretamente a sua energia.

Despeje a água na jarra. "Como a água turva está muito impura para ser usada para o bem, ela preenche todos os espaços vazios existentes em nosso corpo. Assim, poderemos nos sentir pesados e densos porque, normalmente, existe luz entre todos os nossos átomos." Acenda a lanterna novamente e direcione sua luz para as bolinhas de gude. Crianças maiores poderão citar exemplos de ocasiões em que se sentiram pesadas e de outras, em que se sentiram leves.

"Nossos pensamentos e sentimentos negativos expulsam grande parte da luz; na verdade, eles bloqueiam o fluxo de energia em nossos corpos. Isso pode levar às doenças e, por essa razão, precisamos ficar bastante atentos aos nossos pensamentos e sentimentos, substituindo rapidamente os que são negativos. Uma forma de fazer isso é usar um *timer* de cozinha. Vocês irão carregá-lo pela casa e continuamente regulá-lo para disparar após um período de 10 a 20 minutos. Cada vez que ele tocar, observem seus pensamentos e sentimentos para saber como sua dádiva diária de energia está sendo usada. Quanto mais energia formos capazes de utilizar positivamente, mais seremos mestres de nós mesmos."

Se for levantada a questão de como eliminar a matéria de cor lamacenta que envolve as bolinhas de gude, sugira que as crianças perdoem a si mesmas por terem usado incorretamente sua energia e compreendam que fizeram o melhor que sua consciência permitiu naquele momento.

Além disso, poderiam começar a visualizar uma luz branca e transparente, através de cada parte dos seus corpos, o que pode ser feito como um exercício de visualização orientada no final da lição.

Afirmação Sugerida

Penso, sinto, vejo, ouço e pronuncio somente pensamentos positivos.

51
OS ASPECTOS DA MENTE

Materiais

Um funil de cozinha. Coloque uma tira de fita adesiva não transparente em volta do funil logo acima da haste, como é mostrado na ilustração. Como alternativa, molde um papel grosso para representar o cone de um funil, inserindo nele um tubo de papel, que terá a função de haste. Se possível, dê um funil para cada criança, o que fará com que se lembrem da lição.

Lição

Os aspectos da mente discutidos nesta lição são o consciente, o subconsciente e o supraconsciente.

Conduza a lição conforme é mostrado a seguir, adaptando-a ao nível de compreensão das crianças: "Este funil nos representa; a vocês e a mim. Nós o chamaremos de símbolo. A pequena haste representa o nosso corpo. O grande cone, a nossa mente.

"A mente possui dois aspectos ou partes: a parte consciente, da qual temos conhecimento, e a parte subconsciente, que a maioria das pessoas não percebe. Essas duas partes da mente compõem o que conhecemos como consciência.

"A estreita tira de fita adesiva, próxima da haste do funil, representa a mente consciente – a parte da mente com a qual pensamos. Ela compreende, raciocina, avalia e escolhe. Como é capaz de fazer escolhas, ela é conhecida como o aspecto da mente que toma decisões. Uma vez que tem o poder de tomar decisões, ela governa a nossa vida física.

"O restante da mente, a parte muito maior, constitui o poderoso subconsciente. É estimulante conhecê-lo porque ele realiza muitas coisas maravilhosas para nós. Constrói, repara e opera o nosso corpo. É responsável por todos os processos do corpo, tais como o batimento cardíaco, a circulação sanguínea, a digestão e a eliminação. Armazena a memória e é o centro da emoção, dos hábitos e dos instintos. Entretanto o subconsciente não consegue fazer certas coisas. Não consegue pensar, raciocinar, julgar ou rejeitar como a mente consciente. Sendo incapaz de fazer tudo isso, ele está sob o controle da mente consciente. O subconsciente pode ser comparado a um computador, que se encontra sob o controle do programador, a pessoa que coloca as informações no computador."

Com crianças mais novas, considere a analogia de um jardineiro que planta sementes no solo, o qual é comparável à mente subconsciente. "O solo aceita todas as sementes plantadas pelo jardineiro, assim como a mente subconsciente aceita todas as sugestões ou orientações que recebe da mente consciente. Agora, aqui está a boa notícia: essa fase da mente tem a capacidade de formar. O subconsciente pode pegar qualquer orientação ou crença que a nossa mente consciente lhe fornece e dar forma a ela."

Ofereça exemplos baseados em sua própria experiência. Pense nas ocasiões em que você instruiu seu subconsciente; sendo ele a substância maleável que é, ele deu forma à sua crença. Apresente exemplos, tanto negativos quanto positivos, de palavras ou crenças suas que se tornaram realidade. Sugira um experimento simples por meio do qual as crianças poderão testar esse mecanismo. Um deles, bastante conhecido, é acordar vários minutos antes do horário habitual sem a ajuda de um despertador. Peça-lhes para acertarem seus despertadores mentais, acordando-as 10 minutos antes na manhã seguinte; elas deverão dizer, ao se deitar, que estarão totalmente acordadas e ansiosas para levantar da cama naquele horário.

Use o funil novamente e explique: "A capacidade formativa do subconsciente é ilimitada porque ele se abre, como o funil, para o grande oceano mental, a substância sem forma que nos rodeia. Esta é a mente supraconsciente, a Mente Universal que tudo sabe e que pode responder às nossas perguntas se ficarmos quietos e realmente prestarmos atenção. Sempre podemos escolher entre deixar que a mente consciente limitada dirija a nossa mente-computador ou solicitar a presença do poder ilimitado, que tudo conhece, do supraconsciente, que está esperando para nos responder. Primeiro pedimos e, em seguida, aquietamos a mente consciente e ficamos atentos às respostas que vêm do nosso íntimo. A nossa mente supraconsciente pode nos guiar com muito maior precisão do que a capacidade limitada de pensar e raciocinar de nossa mente consciente. É por essa razão que algumas pessoas meditam ou dedicam 'algum tempo para ouvir a voz interior' todos os dias."

Muitas afirmações podem se relacionar com esta lição. Elas permitirão às crianças assumirem maior controle da capacidade de tomar decisões da mente consciente e ouvirem em seu íntimo a voz do supraconsciente. Será útil lembrá-las de que o subconsciente irá aceitar seus pensamentos habituais e lhes dar forma.

Afirmação Sugerida

Penso somente nas coisas boas que quero que aconteçam.

52
A FÉ É ATIVADA PELA CRENÇA

Esta lição apresenta duas analogias e, portanto, pode ser dividida em duas partes.

Materiais

Duas vasilhas ou copos, um pedaço de mangueira de aquário ou um canudo dobrado, com as extremidades colocadas nos copos ou vasilhas, um copo com água, um comprimido de antiácido efervescente e etiquetas.

Lição

Parte 1: A fé é um poder que todos nós temos. Ela é uma energia ou vibração rítmica contínua, existente na alma de cada um dos seres humanos. A fé é a força mais diretamente envolvida na conversão do mundo invisível em visível.

Rotule uma vasilha ou copo como *Mundo Invisível* e a outra, como *Mundo Visível*. "Há uma energia ou substância no mundo invisível, a partir da qual todas as coisas de nosso mundo foram criadas. [Coloque a mangueira ou canudo entre as duas vasilhas, e chame-a de *Fé*.] É a fé que atrai o bem para nós, vindo do invisível para o visível. É o poder que diz 'sim' para aquilo que não foi visto. Ela diz 'sim' para o Espírito, o único poder que pode produzir o bem que nos corresponde.

"Esse poder da fé se encontra em todos nós, mas algumas pessoas o ativam e outras, não. Por essa razão, parece que alguns têm fé, enquanto em outros ela está ausente. A menos que a nossa fé seja ativada ou estimulada, ela não poderá exprimir o bem, transportando-o do mundo invisível para o visível.

"A crença é o que ativa a fé. Esse comprimido efervescente representa a crença. Vamos fazer uma nova analogia e afirmar que a água neste copo é a fé. Esse imenso poder permanece latente – adormecido, inativo. Ele necessita ser despertado ou estimulado pela nossa crença, pela nossa convicção."

Coloque o comprimido de antiácido no copo de água. O comprimido fará com que a água borbulhe ou fervilhe. "Agora, observem como a fé se torna viva e ativa."

Parte 2: Uma analogia alternativa para a crença seria usar a mangueira como se fosse um sifão. As crianças poderiam observar a água (substância) fluir do recipiente rotulado *Mundo Invisível* para o recipiente rotulado *Mundo Visível*, através da mangueira *Fé*. Notem que nada acontece até o fluxo ser ativado pela crença. Do contrário, a água (substância) não se moverá. Para iniciar o processo de transferência, mergulhe a mangueira no recipiente chamado *Mundo Invisível*, que está cheio de água (substância). Tampe uma extremidade com o dedo e erga a mangueira, colocando-a na vasilha rotulada *Mundo Visível*; esta precisa estar num nível mais baixo.

Declarações afirmativas podem ajudar a construir o nosso sistema de crenças e a fortalecer a nossa fé. Peça às crianças para criarem frases simples, que afirmem sua crença no Criador, crença na paz, crença na satisfação de todas as necessidades, crença na cura e no bem. Incentive-as a exercitarem a fé, recorrendo ao mundo invisível e não ao visível – a irem na direção da causa e não do efeito. Ofereça alguns exemplos que se apliquem à realidade do dia a dia das crianças.

Afirmação Sugerida

Tenho fé em Deus e tenho fé no Bem.

53
A SINTONIA COM O ESPÍRITO

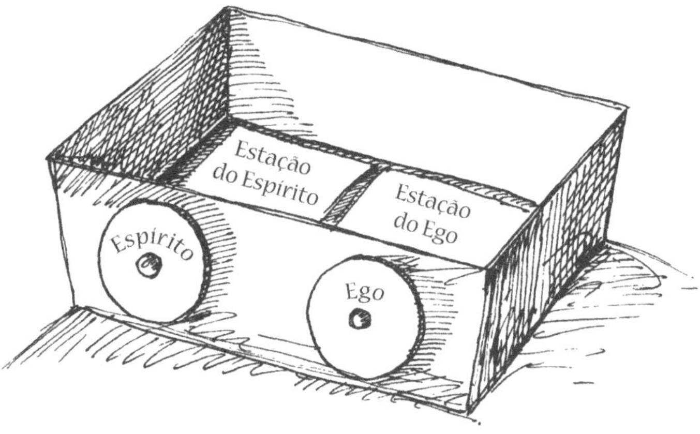

Materiais

Uma caixa de sapatos, uma folha de papel que se adapte exatamente ao fundo da caixa, um lápis e um lápis de cera para cada criança. Corte dois círculos de papelão grosso e coloque prendedores de papel (como as ferragens de pastas suspensas de escritório) no centro dos círculos, de forma que você possa fixá-los à caixa. Os círculos serão como as peças redondas presas na extremidade de um eixo, utilizadas na sintonização de estações de rádio. Talvez você precise de um furador para fazer os orifícios antes de colocar os prendedores. Parafusos e porcas poderão ser usados em vez dos prendedores de papel.

Lição

Diga às crianças que elas irão criar um rádio de brinquedo; ele irá ajudá-las a ouvir o Espírito ou Deus. (Partimos da suposição de que elas têm idade suficiente para compreender que não ouvirão uma voz como a transmitida por um rádio real.) Explique que há sempre duas vozes dentro de nós, duas partes de nossa mente que disputam a nossa atenção. Uma é o ego, algumas vezes chamado de "pequeno eu", que sempre tenta se expressar antes. Ele fala tão alto que nós, às vezes, não conseguimos ouvir a outra voz. Sugira que elas peguem um dos círculos, ou botões do rádio, e escrevam *Ego* nele em letras grandes.

A outra voz que tenta falar conosco é Deus, o Espírito ou Eu Superior. Peça que as crianças escrevam *Espírito* em letras grandes no outro círculo. Dê uma caixa para cada criança; seu papel será servir como um rádio de brinquedo. "Este é um rádio; vocês irão olhar dentro dele e, por isso, o lado aberto tem que estar virado para cima." Se preciso, use um furador para ajudá-las a fixar os dois botões aos "rádios".

"Os rádios geralmente têm botões AM e FM. Se ele estiver sintonizando uma estação AM, esta será tudo o que poderemos ouvir. Não teremos condições de captar uma estação FM se não desligarmos a estação AM e passarmos para uma estação FM. Se estivermos prestando atenção ao nosso ego, ou nosso pequeno eu, não conseguiremos sintonizar outra coisa a não ser que estejamos dispostos a desligar essa estação e a ligar a estação chamada de Espírito. Não podemos ter as duas opções ao mesmo tempo, assim como não conseguiremos ouvir as estações AM e FM ao mesmo tempo. Temos o poder de escolher o que ouvir devido ao nosso livre-arbítrio!"

Se as crianças forem maiores, pergunte-lhes como podem saber se a estação que estão ouvindo é AM ou FM.

Isso poderá levar a uma discussão sobre a maneira de elas saberem quando é o pequeno eu ou o eu superior que está falando.

Agora, peça às crianças para pegarem o papel e traçarem uma linha no meio. Do lado em que o botão do Espírito deverá estar diga-lhe para escreverem *Estação do Espírito* como título; do outro lado, irão escrever *Estação do Ego*. Sob os títulos elas irão fazer uma lista de palavras-chave que lhes mostrará qual das estações elas sintonizaram.

Prossiga com a discussão do tema para trazer à tona essas palavras-chave ou indícios. Elas poderão dizer que há um sentimento de separação em relação às outras pessoas quando o ego fala e um sentimento de unidade ou totalidade quando estão sintonizadas com o Espírito. Nesse caso, elas irão colocar a palavra *separação* na coluna correspondente ao *Ego* e a palavra *unidade* na coluna correspondente ao *Espírito*. Talvez haja um sentimento de incerteza quando ouvem o Espírito e uma grande incerteza, dúvida e confusão quando ouvem o ego. Mais uma vez, faça com que coloquem as palavras-chave nas colunas apropriadas. Com o Espírito há um sentimento de alegria, paz e amor. Com o ego, elas poderão se sentir temerosas, perturbadas ou ter pensamentos agressivos. Alguém poderá comentar a respeito da calma que se sente quando a atenção está voltada para o Espírito e do sentimento de inquietação quando nos sintonizamos com o ego.

Palavras e frases-chave deverão ser escritas em cada uma das colunas, mas certifique-se de que estas estejam no nível do vocabulário das crianças ou elas não servirão ao seu propósito como lembretes.

"O ego tende a questionar e a analisar; a aceitação acompanha a orientação do Espírito. E quanto aos sentimentos de culpa que acompanham o ego *versus* o sentimento de perdão em relação a nós mesmos e aos outros quando estamos sintonizados com o Espírito? O ego alivia os problemas, mas não os cura; o Espírito os cura completamente. O Espírito traz uma solução prática, pela qual todos os envolvidos saem vencedores. O propósito do ego é gerar conflito. A estação do ego é barulhenta, mas a do Espírito normalmente é muito baixa, a não ser que você seja um ouvinte atento." Acrescente novas informações às listas à medida que você e as crianças as forem revelando.

Uma maneira adequada de terminar a sessão seria as crianças se sintonizarem com o Espírito por meio de uma meditação de atenção. Esta poderá ser uma meditação não específica, apenas para aquietar a mente, ou uma meditação com um objetivo específico, que atenda às necessidades de uma das crianças ou do grupo.

"Espero que vocês coloquem os rádios feitos com as caixas de sapatos em seus quartos e leiam as listas com frequência para ver qual das estações vocês estão sintonizando. Usem um *timer* de cozinha durante o dia; quando ele disparar, observem se estavam prestando atenção ao Espírito ou ao ego."

Afirmação Sugerida

Escolho ouvir o Espírito em meu íntimo e sou guiado em tudo o que faço.

54
NOSSA DOSE DE CRENÇA

Planeje usar esta lição após a Lição 52, "A Fé é Ativada pela Crença".

Materiais

Lápis, papeletas e diversos tipos de xícaras, copos e recipientes, variando em tamanho entre o de um dedal e o de um balde.

Lição

Nossa crença é de que o recipiente que dedicamos ao Espírito seja preenchido com o nosso bem. O bem tem sua origem na substância invisível, sendo que a nossa crença determina quanto dele iremos receber.

"Todos esses recipientes representam o tamanho ou a quantidade de nossa crença em certas áreas: a nossa autoestima, as nossas capacidades, as experiências que teremos. A crença é formada a partir dos pensamentos e sentimentos de que algo é possível ou não para nós. Por exemplo, se pedimos cem dólares, mas em nosso coração sentimos que iremos obter apenas vinte, essa é a nossa crença e é isso o que iremos receber." Ofereça alguns exemplos com os quais as crianças possam se identificar especialmente, como ir para um acampamento, passar numa prova ou ser aceitas ou convidadas para ir a algum lugar.

Em tiras de papel peça que as crianças escrevam palavras sobre amizades, dinheiro para gastar, saúde, viagens, roupas bonitas e habilidades específicas (tocar piano, fazer trabalhos artísticos, cantar, digitar, praticar esportes e assim por diante). As áreas abordadas devem ser de interesse imediato. Escreva as palavras para as crianças que ainda não sabem escrever, usando papeletas coloridas para as diferentes categorias.

Peça às crianças para decidirem o quanto realmente acreditam em cada uma das situações ou experiências e depois coloque as papeletas com as palavras escritas em recipientes de tamanhos apropriados. Por exemplo, se elas acreditarem que podem ter somente alguns amigos, deverão colocar suas papeletas intituladas *Amizades* num recipiente pequeno. Se acreditarem que um grande número de amizades é possível para elas, deverão colocar os papéis num recipiente maior.

A pergunta, "Como sabemos no que acreditamos?" poderá ser feita. Responda-lhes, "Quando queremos alguma coisa, há uma voz silenciosa em nosso íntimo que diz 'Isto não é para você; você não merece' ou 'Você pode conseguir; insista naquilo que quer!' Esse sentimento ou convicção é a crença capaz de cancelar o nosso desejo ou fazê-lo se tornar realidade para nós.

"Se desejamos algo melhor em qualquer área de nossa vida, devemos aumentar a nossa dose de crença. Devemos nos elevar acima do sentimento de falta de merecimento e perceber que desejos verdadeiros vêm do Criador. Com declarações ou afirmações positivas podemos começar a nos sentir merecedores de um bem maior. Da mesma maneira, podemos nos voltar para o Espírito e pedir que nossas crenças se expandam."

Seria útil terminar a lição com um exercício de visualização orientada. Peça às crianças para escolherem uma área na qual querem aumentar sua crença em si mesmas. Em seguida, oriente-as no sentido de um estado de profundo relaxamento e faça-as visualizarem uma melhora nas áreas escolhidas.

Afirmação Sugerida

Sou filho do Criador e mereço o melhor.

55
SEPARANDO O MEDO DO PROBLEMA

Esta lição foi elaborada para crianças com mais idade, que já sabem escrever, e conseguem formular conceitos facilmente. Ela pode ser dividida em duas partes.

Materiais

Parte 1: Caixa pequena ou caixa de sapatos, um pedaço de papelão com a palavra *Medo*, colocado no fundo da caixa com a parte escrita voltada para baixo, papel cortado e lápis.

Parte 2: Ovos, uma pequena xícara ou vasilha e um separador de claras (um utensílio de cozinha usado para separar a gema da clara de um ovo cru). O ovo poderá ser separado sem a ajuda do separador, mas o efeito não terá visualmente o mesmo impacto.

Lição

Parte 1: Dê às crianças lápis e papel cortado e lhes peça para escreverem, resumidamente, algumas coisas que as irritaram ou as fizeram ficar com raiva nos últimos dias. Elas poderão colocar vários itens na mesma papeleta ou usar uma papeleta para cada item. Afirme que ninguém irá ler os papéis. Quando tiverem terminado, elas deverão amassar os papéis e jogá-los dentro da caixa que você já terá colocado no centro da mesa.

"Sempre existe uma emoção oculta sob a raiva ou a irritação. Vocês conseguem adivinhar que emoção é essa?" Espere pelas respostas e depois remova o cartão do fundo da caixa e exponha a palavra impressa *Medo*. Ofereça um ou dois exemplos baseados em sua experiência pessoal para que elas compreendam a ideia. Você poderia dizer, "Fiquei irritado quando as pessoas me disseram o que fazer. Depois, percebi que a irritação era fundamentada no medo. Tive receio de que os outros tivessem controle sobre mim – receio de perder a minha liberdade. Em outra ocasião, fiquei com raiva quando fui criticado em público. Quando procurei o receio oculto, percebi que temia perder os meus amigos, temia ficar sozinho."

Peça-lhes para fecharem os olhos e pensarem que algum medo pode estar sob a irritação ou a raiva. Incentive as crianças que quiserem partilhar exemplos de raiva e o medo que encontraram oculto sob a mesma.

Parte 2: "Todas as vezes que temos um problema ou desafio na vida podemos lidar mais facilmente com ele se separarmos o medo do contexto do problema. Este ovo simboliza um problema. Suponhamos que este seja um desentendimento com a minha mãe. Agora, vou separar os meus temores do problema, usando este separador de ovos."

Coloque o separador de claras sobre a xícara ou sobre a pequena vasilha. Quebre o ovo e jogue a gema no centro do separador, enquanto a clara cai dentro da xícara. "Observem a clara, que simboliza os meus receios, se separar do ovo e ir para a xícara. A sensação de ver todo o medo separado do problema é tão boa que o problema parece ter desaparecido. Se existem somente duas emoções básicas, o amor e o medo, o que vocês acham que vai sobrar no separador depois que todo o medo tiver caído na xícara? Amor, naturalmente! O amor é a ausência de qualquer emoção negativa. Ele é a aceitação incondicional. Com o medo separado do problema ou desafio e restando apenas o amor, a solução é fácil. O Espírito é amor e esse amor nos oferece a resposta para qualquer desafio em nossa vida. Não conseguimos ouvir as soluções quando há interferência do medo. O medo pode bloquear a nossa capacidade de ouvir o Espírito em nosso íntimo."

Num pequeno grupo ou no ambiente doméstico, cada uma das crianças poderá aproveitar a oportunidade de pensar num desafio e, em seguida, separar simbolicamente o medo que acompanha esse desafio com o separador de claras. Use os ovos para fazer uma omelete ou para assar alguma coisa.

Afirmação Sugerida

Liberto-me do medo para que eu possa sentir mais amor em minha vida.

56
OS OUTROS ME VEEM COMO SOU (INTIMIDADE)

Materiais

Uma lanterna elétrica, um vaso de vidro transparente cheio de água lamacenta e uma jarra com água limpa para purificar a água suja.

Lição

Uma das Virtudes Universais é a transparência, isto é, temos que ser abertos, honestos e verdadeiros sobre o que somos, tanto com nós mesmos quanto com os outros.

Mostre o vaso de vidro cheio de água turva. "Ela não é mais transparente, é? Vocês não conseguem enxergar através dela. É assim que ficamos quando somos dominados pelo medo ou pelas preocupações, ou escondemos partes de nós mesmos das outras pessoas. Talvez estejamos ocultando alguma coisa que consideremos errada ou talvez estejamos ocultando uma parte de nós que deseja se expressar, mas tememos as reações dos outros. Qualquer que seja o caso, se lançarmos a Luz do Amor [use a lanterna] sobre essas áreas, nós iremos transformá-las e também às circunstâncias à sua volta, fazendo emergir a virtude da transparência."

Derrame água limpa dentro do vaso de água lamacenta. "Considerem isso como a Luz Universal de Deus se derramando em nossa vida. Lenta, mas seguramente, o vaso, assim como a nossa vida, irá se tornar limpo, puro e transparente. Isso não acontece imediatamente e poderá exigir grande coragem, porém se permanecermos abertos e deixarmos a luz entrar, nossa vida será transformada para sempre." Dedique algum tempo para o diálogo após a sessão.

Afirmação Sugerida

Sou aberto, honesto e transparente com os outros e comigo mesmo.

57
UMA SÓ PESSOA BASTA PARA ILUMINAR A ESCURIDÃO

Materiais

Uma vela, fósforos e um ambiente mantido na penumbra. Opcional: uma vela para cada uma das crianças com um protetor de papel na extremidade e um aparador de cera, com o objetivo de proteger as mãos da cera quente. Advertência: Somente deixe as crianças segurarem velas acesas se estas tiverem idade suficiente para mantê-las na posição vertical, sem incliná-las.

Lição

Em casa, faça uma refeição à luz de uma vela com as crianças, enquanto a lição é discutida. Faça-as observarem que pouca luz é necessária para dissipar a escuridão. Explique que temos possibilidade de escolha neste mundo. Podemos escolher ser como a vela e iluminar as sombras à nossa volta. Pergunte às crianças onde elas acham que a escuridão ocorre com maior frequência. Sugira que a maior parte da escuridão com a qual terão que lidar estará na mente das pessoas. Essa escuridão é o medo, que se manifesta de muitas maneiras: pena de si mesmo, raiva, tristeza, falta de autoconfiança, ciúme e pensamentos de não se ter o suficiente e de inadequação. Peça exemplos de formas de medo sobre as quais elas ouviram ou viram. Pergunte como elas podem ajudar a trazer luz a essa escuridão. Discuta as ideias que você e as crianças forem desenvolvendo.

Se elas tiverem a ideia de dizer coisas positivas para ajudar outras pessoas, comente: "Algumas vezes pode não ser apropriado falar; entretanto podemos ter pensamentos de felicidade a respeito de pessoas infelizes e imaginá-las felizes outra vez. Imaginar a força é especialmente importante quando as pessoas estão doentes ou feridas. Podemos definitivamente auxiliá-las se as imaginarmos saudáveis. Contudo, não podemos decidir o que alguém precisa para estar bem de saúde ou feliz. Simplesmente devemos enviar às pessoas pensamentos de amor, pensamentos cheios de luz. Vocês poderão até mesmo visualizar uma luz forte e branca ao redor da pessoa que está triste ou doente. Isso dissipa a escuridão ao criar uma forma de luz invisível."

Como uma reflexão adicional demonstre que uma pessoa com uma vela pode abrir caminho através da escuridão, possibilitando aos outros segui-lo. Permita que as crianças o sigam pela casa. Chame a atenção para o fato de que a luz que você está carregando fica atrás de você e, contudo, ao mesmo tempo, permanece com você. O mesmo é verdadeiro para o amor. Sugira que elas podem ser os portadores da vela e que a vela que carregam é a verdade sobre elas mesmas e sobre todas as outras pessoas: pertencemos todos ao Espírito e fomos feitos segundo a perfeição do Criador; essa verdade pode trazer muita luz às mentes que estão na escuridão. Ofereça algumas verdades específicas de acordo com o nível de compreensão das crianças.

Opcional: Faça com que cada uma das crianças segure uma pequena vela enquanto você acende as velas delas com a sua. Mostre que, quando você doa parte da luz de sua vela, acendendo cada uma das outras, a luz não diminui porque você a partilha com os outros – na verdade, a quantidade de luz aumenta. Isso também ocorre quando partilhamos o nosso amor.

Afirmação Sugerida

Sou filho do Criador e gosto de levar luz a outras pessoas.

58
A RAIVA DESTRÓI QUEM A SENTE

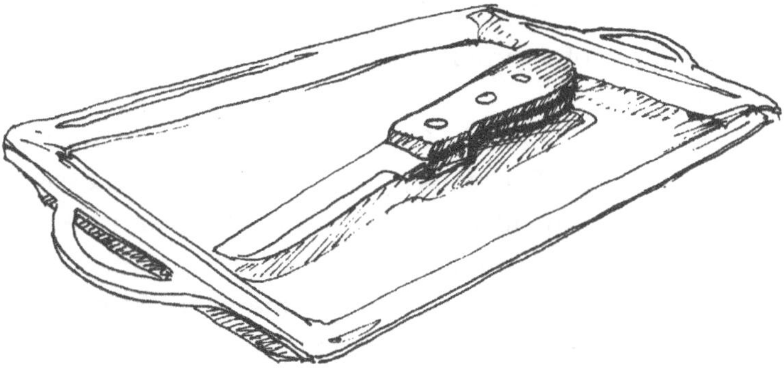

Esta lição é destinada a crianças mais velhas, familiarizadas com facas, e que não ficariam tentadas a fazer experiências ou a brincar com elas.

Materiais

Uma faca de cozinha colocada sobre uma bandeja.

Lição

Pergunte às crianças qual seria a sensação, segundo acreditam, se alguém pegasse a faca pela lâmina. Depois, continue a questioná-las, "Se essa pessoa fosse atingir outra com o cabo da faca enquanto estivesse segurando a lâmina, quem vocês acham que ficaria mais ferido? Todas as vezes que sentimos ódio e raiva, isto é exatamente como segurar uma faca pela lâmina. De fato, já foi dito que, 'O ódio é uma arma que você empunha pela lâmina'. Esse tipo de emoção realmente fere quem o experimenta e não atinge a outra pessoa, a menos que esta escolha aceitá-la.

"A raiva é um ataque à própria pessoa que a sente. Ela pode obstruir o fluxo de energia no corpo. Devido à lei da atração, uma quantidade ainda maior de raiva ou ódio se manifestará na vida dessa pessoa. Lembrem-se: Aquilo que vai para fora volta depois de absorver mais energia do mesmo tipo.

"Raiva é o amor do Criador por nós, mas expresso de modo imperfeito. Podemos optar por redirecionar essa energia, mas primeiro talvez precisemos eliminar esses sentimentos do nosso íntimo de um modo aceitável. Algumas pessoas têm um travesseiro firme que usam como saco de pancada, como aqueles usados em treinos de boxe. Por outro lado, quando nos sentimos cheios de irritação ou queremos atacar alguém, podemos pegar um saco de papel imaginário e soprar para dentro dele todos esses sentimentos desagradáveis de ira. Podemos colocá-lo sobre uma chama roxa imaginária e deixar que a chama consuma toda a negatividade. Visualizem a chama e afirmem, 'Agora me liberto da raiva e escolho ser uma expressão do amor divino'."

Afirmação Sugerida

Sou um filho amoroso do universo e escolho ver o amor em todas as outras pessoas.

59
O PODER DA PALAVRA

Esta lição é mais apropriada para crianças maiores
por causa das cápsulas.

Materiais

Três cápsulas (uma de cada cor) e um prato ou papel-toalha para cada uma das crianças. Compre cápsulas vazias numa farmácia de manipulação e encha-as, algumas com uma substância inócua como farinha, algumas com pimenta-de-caiena e outras com açúcar.

Lição

Dê a cada uma das crianças uma cápsula cheia de farinha. "A palavra é o símbolo de uma ideia que existe na mente de uma pessoa. As palavras que usamos são como cápsulas de pensamentos e sentimentos. As palavras são criativas e podem formar aquilo que queremos ou não queremos, dependendo dos pensamentos e sentimentos compreendidos nelas."

Agora faça com que cada uma das crianças esvazie a cápsula num prato ou papel-toalha. "Estes são o pensamento e o sentimento contidos numa palavra. Umedeçam um dedo e experimentem o gosto de seu conteúdo. Qual é o gosto? Algumas de nossas palavras também são brandas e não têm muito poder criativo, como, 'O tempo está bonito hoje', 'Vamos para casa' ou 'Onde você pôs a manteiga?' Essas palavras não contêm muito sentimento. Contudo, existem algumas palavras que são extremamente poderosas." Distribua as cápsulas de pimenta-de-caiena e faça as crianças derramarem o "pensamento e sentimento" em seus pratos ou sobre o papel-toalha. "Umedeçam um dedo e experimentem o conteúdo, mas apenas uma quantidade mínima porque essas palavras são cheias de poder. Em que medida essa substância é forte, picante e potente? Ela representa as palavras *EU SOU*. *EU SOU* é um outro nome de Deus e, portanto, este é a mais poderosa afirmação criativa que podemos expressar ou pensar. Sempre que dizemos *EU SOU*, vinculamos uma grande quantidade de poder criativo ao pensamento ou ideia que a segue.

"Quando pronunciamos a expressão *EU SOU* com intensidade de sentimento, o universo responde e essa situação se manifesta em nossa vida, a menos que nós a cancelemos com sentimentos opostos. Nosso diálogo interior pode ser tão poderoso quanto a palavra falada. São os sentimentos com os quais carregamos as palavras que devemos vigiar. '*EU SOU* um azarado', dito com muita emoção, é capaz de cancelar o '*EU SOU* um filho de Deus feliz e saudável', se eu digo isso sem sentimento. '*EU NÃO SOU* amado,' dito por entre lágrimas, poderá cancelar o '*EU SOU* uma pessoa que os outros gostam de ter por perto'.

"A expressão *EU SOU* representa o nosso eu espiritual, por isso só devemos ligá-la a pensamentos positivos." Peça às crianças exemplos de sentenças com *EU SOU* desse tipo. Uma maneira divertida é jogar o jogo do *EU SOU*. Para cada letra do alfabeto, alguém faz uma afirmação com *EU SOU* ("*SOU* atencioso", "*SOU* bonito", "*SOU* criativo", e assim por diante).

A seguir, dê a cada uma das crianças uma terceira cápsula contendo açúcar ou algo igualmente agradável. Faça-as se lembrarem de que uma palavra é uma cápsula de pensamento e sentimento. Peça que elas experimentem o conteúdo e explique que ele represente palavras doces, amorosas, de gratidão e elevadas.

Há poucas palavras que não trazem nenhuma consequência. A maioria tem o poder de curar ou de destruir. Comente o fato de que o efeito de uma palavra pode ficar conosco muito depois de o som dessa palavra ter se dissipado. Talvez você queira discutir a expressão, "Quando a língua fala, o mundo todo se move". As coisas que dizemos têm um efeito ondulatório que coloca a alegria ou a tristeza em movimento. As crianças poderão decidir partilhar algumas palavras de que se lembram e que as ajudaram ou prejudicaram nas semanas anteriores.

Fale sobre palavras que poderiam elevar as pessoas. Incentive as crianças a usarem palavras que representem somente os melhores pensamentos de que são capazes. Ao terminar a lição, partilhem algumas palavras elevadas uns com os outros – palavras de reconhecimento e gratidão.

Afirmação Sugerida

As palavras mais poderosas que posso dizer são EU SOU.

60
COMO É TECIDA A NOSSA CONSCIÊNCIA ESPIRITUAL

Esta lição é adequada para crianças com mais idade, que já desenvolveram alguns conceitos espirituais.

Materiais

Pedaços de fio de cores diferentes, uma agulha de plástico com cabeça grande e uma tela de arame com as extremidades presas com fita adesiva para você e para cada uma das crianças. Uma alternativa seria usar um pedaço de papelão com barbante enrolado à sua volta para formar um urdume. Pequenos piques nas bordas do papelão manterão o barbante no lugar. Outra opção ainda é criar um "filtro de sonhos" (*dreamcatcher*) para esse propósito. Uma alternativa para a agulha é enrolar fita crepe ou de celofane na extremidade do fio (últimos três centímetros) e cortá-la em ângulo para formar uma ponta. Outras alternativas, ainda, para a agulha são um grampo de cabelo ou um limpador de cachimbo, presos ao fio.

Lição

"O pedaço de tela de arame [ou o papelão] representa a sua consciência individual, o seu conjunto de pensamentos e sentimentos ou a sua consciência total, que é algumas vezes chamada de alma. Vamos falar sobre a nossa consciência espiritual, sobre os pensamentos e sentimentos que temos acerca de questões espirituais. São esses os pensamentos tecidos em nossa consciência e que constroem o nosso caráter espiritual. Algumas vezes nem mesmo percebemos quais são as nossas crenças espirituais e, por isso, vamos tentar identificá-las. Usaremos esses pedaços de fio para representar os nossos pensamentos e iremos entrelaçá-los em nossa consciência [mostre o urdume]. Primeiro, vamos tecer as nossas crenças sobre o Criador. Eu decidi usar esse bonito fio roxo para expressar a minha crença."

Estimule as crianças a escolherem um determinado fio como símbolo de suas ideias a respeito do Criador e passá-lo através da agulha ou grampo. À medida que elas forem trabalhando com o fio sobre a tela, peça-lhes para verbalizarem suas ideias – os sentimentos que têm sobre aquilo que o Criador é ou não é. No início, você poderia partilhar suas próprias ideias (por exemplo, amor, o poder único, aquele que tudo sabe, aquele que está presente em todo o universo, Deus, não é uma pessoa, demasiadamente vasto para ser compreendido, e assim por diante).

Essas discussões não constituem jogos de adivinhação, nos quais somente uma resposta seria aceitável para você. Trata-se de uma maravilhosa oportunidade de ouvir as ideias das crianças, que poderão não ser expressas se elas sentirem que estão sendo julgadas. Não transforme o diálogo num exercício de certo ou errado, mas encare-o como uma ocasião oportuna para observar áreas nas quais você gostaria de oferecer instrução no futuro. Partilhar suas ideias, ao mesmo tempo respeitando as das crianças, poderá representar a melhor abordagem.

A seguir, peça-lhe para selecionarem um pedaço de fio que irá simbolizar aquilo que acham que são – isto é, sua identidade espiritual (por exemplo, um filho de Deus; um ser espiritual, mental e físico; um filho ou uma filha sagrada do Criador; uma parte do Espírito, assim como uma gota de água faz parte do oceano; uma expressão da Fonte; um herdeiro de dons espirituais; um ser único e especial).

O próximo fio representará suas ideias quanto à razão de estarem aqui – o propósito de sua vida (por exemplo, tornar-me meu eu real, a pessoa perfeita que Deus me criou para ser; desempenhar o meu papel no plano divino, a minha função especial; expressar o Espírito de minha maneira única, aprender as lições que escolhi aprender nesta vida, ser verdadeiramente útil).

Use o fio colorido seguinte para simbolizar o assunto de nossa imortalidade ou crenças a respeito da morte (por exemplo, não existe nascimento ou morte para a alma, a vida é eterna e nós apenas mudamos a roupagem externa, podemos escolher viver em muitos corpos para nos tornarmos tão perfeitos quanto Deus quer que sejamos, a morte é uma experiência cheia de alegria).

Um outro pedaço de fio servirá para você abordar a natureza do universo e do mundo em que vivemos (por exemplo, tudo no universo opera de acordo com leis e obedece a uma ordem, ou causa e efeito, os pensamentos se transformam em coisas, nós criamos as nossas experiências por meio dos nossos pensamentos e sentimentos, há somente um poder, o universo é amistoso).

Continue a evocar pensamentos sobre outros tópicos espirituais, como oração, meditação, paraíso, anjos, amor ou qualquer outra coisa que você julgar importante. Se as crianças forem grandes o suficiente talvez elas decidam criar padrões ao tecer os fios.

Quando todos tiverem terminado, admire os resultados, lembrando às crianças que cada um dos fios representa uma ideia espiritual, sendo assim que o caráter espiritual é edificado. Com crianças mais velhas, explique que a consciência precede a experiência. Quanto mais a compreensão espiritual for sendo tecida na tela da consciência, melhores serão as experiências de vida de uma pessoa.

Uma das maneiras mais eficazes de expandir a consciência ou de aumentar a percepção espiritual é a meditação. Meditação significa prestar atenção à Fonte, enquanto a oração significa conversar com a Fonte. Termine a lição com alguns momentos de meditação silenciosa, de modo que cada uma das crianças possa receber orientação interior.

Você e as crianças poderão criar uma "legenda" para anotar no verso da tapeçaria as cores dos fios usadas para os diferentes tópicos. Palavras-chave para lembrar às crianças suas próprias ideias também poderiam ser acrescentadas. Talvez elas queiram pendurar o produto terminado numa das paredes de seu quarto de dormir.

Afirmação Sugerida

Cresço em consciência à medida que ouço todos os dias o Espírito dentro de mim.

61
AS MENSAGENS DA ÁGUA

Materiais

Uma jarra de água, um copo de vidro ou de papel para cada criança e um pequeno rótulo ou etiqueta adesiva para cada copo. Se as crianças não souberem escrever, coloque *Amor* e *Gratidão* nos rótulos antes da lição. Tente conseguir fotografias de cristais de água (vá à biblioteca, livrarias, casas de produtos naturais e lojas que vendem calendários)[1].

Lição

Esta lição foi inspirada pelo livro *Hado – Mensagens Ocultas na Água*, de Masaru Emoto, publicado pela Editora Cul-

---

[1] Vários livros com fotografias de cristais de água, como *Hado – Mensagens Ocultas na Água*, *Oráculo dos Cristais de Água* e *A Vida Secreta da Água*, foram publicados pela Editora Cultrix.

trix. Ele inclui muitas fotografias coloridas notáveis de cristais de água.

Vocês sabiam que pelo menos 70% do nosso corpo são constituídos por água? Para se certificar de que as crianças compreendam o que é 70%, mostre-lhes um copo com 70% de suco de frutas ou água. Faça-as compreenderem que o corpo humano é formado principalmente de água.

"O Dr. Masaru Emoto, um cientista do Japão, vem estudando a água há muitos anos; ele descobriu que a água forma bonitos cristais quando ela é exposta a palavras positivas como *Amor* e *Gratidão.*

"Uma das experiências do Dr. Emoto foi congelar água comum, de torneira; uma parte dela foi exposta às palavras *Amor* e *Gratidão.* Os cristais formados pela água de torneira, que não tinha sido exposta às palavras *Amor* e *Gratidão*, estavam deformados e incompletos. Porém, a mesma água de torneira exposta às palavras *Amor* e *Gratidão* formou cristais simétricos, completos e bonitos."

Oriente as crianças para que elas comecem a considerar a importância da água em nossa vida. Por exemplo, elas sentem mal-estar quando estão com sede; e, como é bom beber água, como é divertido nadar ou como é agradável tomar um banho de chuveiro ou de banheira! Seus corpos são constituídos, em sua maior parte, de água. Pergunte se elas conseguem imaginar como seria sua aparência ou como elas se sentiriam se não tivessem acesso à água.

A seguir, você pode pedir às crianças que colem as etiquetas adesivas com as palavras *Amor* e *Gratidão* em seus copos de água. Faça também com que o grupo todo expresse sua gratidão individualmente, partilhando essa gratidão em voz alta.

Como elemento da próxima parte da lição, informe-as que o Dr. Emoto e seus amigos conseguiram, em mais de uma ocasião, limpar lagos muito poluídos, colocando-se ao redor deles e enviando à água bênçãos de amor e gratidão. Agora você irá usar a jarra de água. Esta representará um dos lagos que foram purificados pelas pessoas que o cercavam e o abençoavam. Peça às crianças para fecharem os olhos e imaginarem que estão presentes, com o Dr. Emoto e seus amigos, nas proximidades de um lago poluído. De que maneira elas participariam com seus pensamentos e sentimentos para tornar o lago limpo?

Afirmação Sugerida

Todas as vezes que uso água eu a abençoo e lhe ofereço meu sincero amor e gratidão.

62
TEMOS QUE NOS MANTER LIGADOS À FONTE

Materiais

Um pequeno abajur, de preferência sem a cúpula; lâmpadas de 25, 60 e 100 *watts* e uma extensão, caso seja necessário. Se você não dispuser de um abajur, desenhe uma figura ou peça às crianças para usarem a imaginação.

Lição

Aponte para a tomada na qual o abajur está ligado. "Chamaremos a tomada de Fonte e o abajur seremos nós. O fio representará a nossa conexão com a Fonte, o condutor da energia pura e positiva que flui da Fonte. As lâmpadas irão simbolizar o nosso grau de ligação com a Fonte, isto é, a quantidade de energia positiva que flui através de nós, o nível de nossa vibração, a intensidade de luz e amor que emanamos."

Acenda a luz do abajur, usando uma lâmpada de 25 *watts*. "A energia pura, positiva, está sempre fluindo para o nosso íntimo, vinda da Fonte; porém, com o nosso livre-arbítrio, temos o poder de nos desconectar dela. [Apague a luz.] De que modo rompemos a ligação ou bloqueamos o fluxo da energia? A crítica é uma das maneiras mais comuns de bloquearmos a energia, impedindo-a de fluir para o nosso corpo. [Tenha cuidado para não julgar as respostas das crianças.] Todas as emoções negativas, que se originam do medo, interrompem o fluxo da energia pura e positiva."

Aponte o abajur que continua desligado. "A maioria das pessoas é como esta lâmpada: elas existem, mas não irradiam luz para o mundo. Permanecem conectadas à Fonte [mostre a tomada] porque, se isso não acontecesse, o corpo delas não estaria vivo. Essas pessoas apenas bloquearam o canal transmissor entre a Fonte e elas."

Pergunte às crianças como as pessoas poderiam fazer a energia fluir novamente. Sugira que o amor puro, o amor incondicional por si mesmo e pelos outros é o maior poder no universo. Esse amor é capaz de romper bloqueios. "O amor incondicional talvez seja um passo grande demais para muitas pessoas; que passos menores elas poderiam dar? Reconhecimento ou gratidão é um dos mais fáceis. Se as pessoas pudessem sentir gratidão por tudo o que têm, pelas pessoas à sua volta e pela beleza que observam, suas luzes começariam a brilhar. [Acenda a luz.] Contudo, há dias em que todos nós nos tornamos críticos, egoístas e irritados; o que isso causa? Simplesmente deixamos de refletir a luz. [Apague a luz.]"

Enquanto você troca a lâmpada pela de 60 *watts*, comente que existem algumas pessoas que se dedicam, todos os dias, à oração e ficam atentas à orientação de seu Instrutor Interno. Essas pessoas aumentaram sua capacidade de irradiar luz e amor e, por isso, suas luzes brilham com bastante intensidade. Acenda a luz.

Peça ideias às crianças de maneiras pelas quais as pessoas podem abrir o coração e demonstrar mais amor (por exemplo, vendo o bem, cada vez mais, nos outros e em todas as coisas que acontecem; confiando no Universo; sentindo mais amor e perdoando a si mesmas, além de não julgar os outros). Se não for mencionado, esclareça que o serviço prestado às outras pessoas constitui uma das formas mais poderosas de nos mantermos conectados com a energia pura de amor que flui da Fonte.

Apague a luz e explique: "Este é o interruptor da escolha. Diariamente, podemos optar pela quantidade de amor e energia do Criador à qual queremos nos abrir e permitir que entre em nosso íntimo. [Substitua a lâmpada de 60 *watts* pela de 100 *watts*.] Podemos decidir que queremos bloqueá-la com negatividade ou que desejamos ser uma luz realmente poderosa neste planeta. [Acenda a lâmpada de 100 *watts*.] Observem como esta luz tem muito mais intensidade. Ela me lembra de algumas pessoas que assumiram um compromisso tão sério com a Fonte e com o serviço, trabalhando pela Terra e seus habitantes, que sua luz ilumina tudo à sua volta. Isso ocorre porque elas mantêm sua conexão forte e pura. Muitas se sentam em silêncio, meditam ou oram diariamente, o que as faz permanecerem sintonizadas com a Fonte e com seu Eu Interior." Mencione algumas pessoas que pertencem a essa categoria e que as crianças talvez conheçam.

Volte à tomada e ao pino. Diga às crianças para não se esquecerem de que elas estão sempre conectadas com a Fonte, mas podem escolher (o interruptor) a quantidade de energia pura e positiva que querem permitir entrar em seu interior.

Opcional: "Algumas pessoas têm muita luz, mas a ocultam. [Coloque uma cúpula ou um jornal sobre a lâmpada.] É importante permitirmos que nossa luz brilhe e que não a escondamos. O mundo sente uma grande necessidade de luz neste momento."

Afirmação Sugerida

Deixo que a energia do Espírito flua através de mim e abençoo as outras pessoas todos os dias.

UMA LIÇÃO APENAS PARA VOCÊ

Todos os dias, o Universo nos proporciona uma dádiva de energia pura. O uso criterioso dessa energia é a dádiva que devolvemos para o Universo. A maneira como usamos a energia é afetada pela nossa consciência e percepção. As ideias apresentadas neste livro podem ajudar a alterar sua consciência o suficiente para que sua energia seja preenchida com amor incondicional e sabedoria divina.

A cada manhã, visualize a si mesmo fazendo um desenho esquemático, com o objetivo de retratar sua dádiva diária de energia não adulterada. (Talvez você prefira fazer isso fisicamente, em forma de afirmação.) Imagine-se colorindo os espaços com vários pensamentos e sentimentos. Essas cores representam a sua consciência. Que todas as suas cores possam simbolizar o amor, a alegria, a ordem, a abundância e a harmonia que todos nós almejamos conquistar.

EPÍLOGO

Agora que já leu até aqui, você deve ter absorvido um grande número de princípios universais – princípios que funcionam, como a gravidade, quer acreditemos neles ou não.

Acredito que muitas crianças pequenas conhecem intuitivamente essas verdades, mas elas precisam do apoio dos pais para se lembrarem delas totalmente. Pense na possibilidade de criar um grupo de apoio na família, que girará em torno dessas ideias. Todas as semanas, durante um encontro familiar, selecionem uma lição para ser o foco de atenção na semana seguinte. Vocês poderão escolhê-la em grupo ou cada membro da família, por sua vez, poderá selecionar uma; vocês poderão, ainda, simplesmente abrir o livro ao acaso.

Durante a semana, reflitam sobre o princípio ou exercício apresentado. Procurem exemplos da ação desse princípio em sua vida ou na de outras pessoas. Decidam juntos o que mais parece apropriado fazer com aquela lição. Na reunião seguinte, partilhem perguntas, preocupações e exemplos.

Talvez vocês queiram reunir o grupo de apoio por um período de cinco minutos diariamente. Nessa reunião uma lição será abordada, pela manhã ou à mesa do jantar. Apoiem-se mutuamente na recordação do princípio, repetindo juntos a afirmação. O apoio poderá ocorrer da seguinte maneira, por exemplo: "(Nome), nós o amamos incondicionalmente e o apoiamos quando você tenta se lembrar (que as suas palavras tenham poder)." Digam isso em uníssono, enquanto mantêm um contato visual cheio de amor. A seguir, elaborem a afirmação como acharem necessário e a enunciem também a uma só voz.

Quanto mais você lembrar às crianças de que existem leis espirituais e mentais em operação neste mundo e que, por meio delas, são criadas as experiências de vida, menos elas se sentirão vítimas das circunstâncias. Elas terão maior controle de suas vidas, um sentimento de unidade com os outros e alegria interior. Não irão sucumbir tão facilmente à ansiedade e ao medo, os dois enormes obstáculos à aprendizagem e à alegria. O medo (*fear*, em inglês) normalmente significa *F*alsa *E*vidência com *A*parência de ser *R*eal. Quanto mais as nossas crianças compreenderem as verdades mais elevadas, menos elas serão afetadas pelas falsas evidências que se infiltraram na consciência de massa e parecem tão reais. Além disso, mais elas serão capazes de sentir alegria – a energia de amor que é seu direito nato.

Não devemos deixar de lembrar às nossas crianças de que elas não são apenas as formas que vemos, o corpo, mas seres espirituais multidimensionais e que estão aqui para usufruir de uma experiência física. É nosso dever incentivá-las a se voltarem para o íntimo, para os seus Instrutores Internos, de maneira que fiquem claros o seu propósito nesta vida e os desejos de seu coração. Depois, ofereça-lhes as ferramentas – os princípios universais – que lhes permitirão atender aos desejos que acalentam no coração. Quando mente e coração estiverem em sintonia, elas conhecerão a alegria.

PALAVRAS FINAIS

Certa vez perguntaram a Albert Einstein, "Qual é a questão mais importante que um ser humano precisa esclarecer?"
Ele respondeu, "O universo é um lugar benévolo, favorável, amistoso ou não?"

É intenção da autora que estas lições possam ajudar as crianças a compreenderem que o nosso universo é ordenado e benévolo. À medida que as lições forem formatadas e discutidas, nossas crianças irão, de fato, começar a considerar este universo como um lugar amistoso, pois ele responde aos pensamentos que elas cultivam na mente.

O estado do mundo é um estado mental coletivo. Quando as nossas crianças compreenderem o poder criativo de seus pensamentos, assim como os outros princípios universais, elas poderão desempenhar um papel na cura do nosso mundo. Por favor, lembre-se, o nosso exemplo é mais importante do que qualquer lição. Temos que incorporar a consciência que queremos que elas tenham.